新伝記

平和をもたらした人びと 8

世界中に医療《いりょう》を届《とど》ける団体《だんたい》

国《こっ》境《きょう》なき医《い》師《し》団《だん》

文／光丘 真理

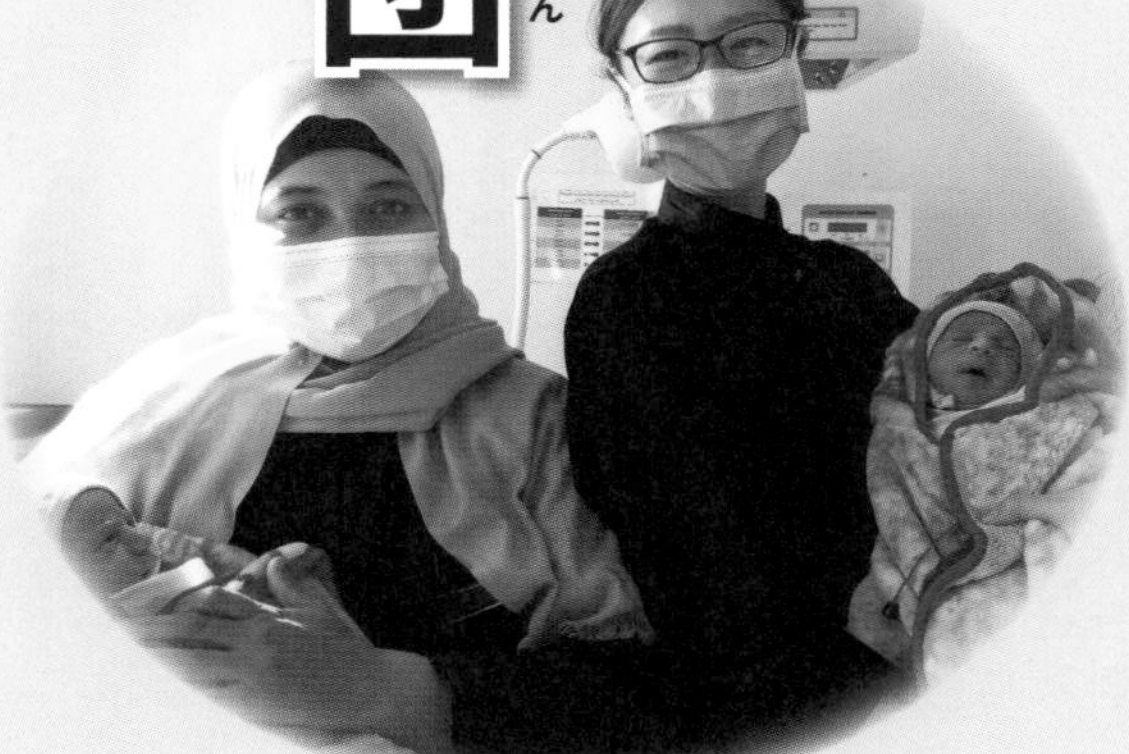

新伝記

平和をもたらした人びと8

国境《こっきょう》なき医師団《いしだん》

もくじ

国境《こっきょう》なき医師団《いしだん》ってどんな団体《だんたい》？

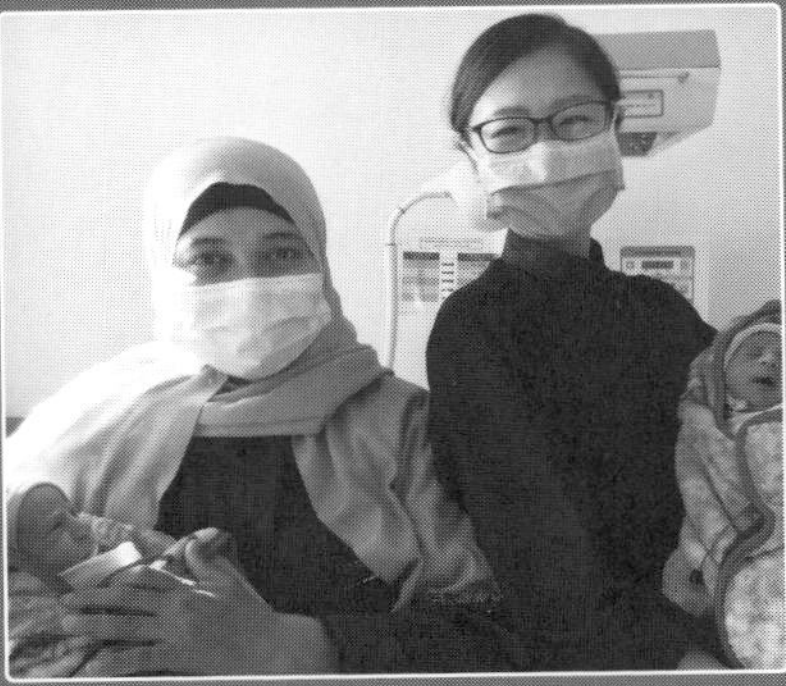

（1971 ～ ）

国をまたいだ非政府組織《ひせいふそしき》（NGO《エヌジーオー》）の国際的緊急医療援助団体《こくさいてききんきゅういりょうえんじょだんたい》。

1967年にぼっ発した、ナイジェリアのビアフラ戦争に派遣《はけん》された、赤十字国際《せきじゅうじこくさい》委員会のフランス人医師《いし》たちは、各国政《かっこくせい》府《ふ》の政治的《せいじてき》な理由などによって、十分に行きとどいていない医療支援《いりょうしえん》活動に限界《げんかい》を感じた。

そこで、1971年、フランスに帰国した医師《いし》たちやジャーナリストが中心となり、政治《せいじ》と離《はな》れた国際的緊急医療援助団《こくさいてききんきゅういりょうえんじょだん》体《たい》「国境《こっきょう》なき医師団《いしだん》」を設立《せつりつ》した。2022年現在《げんざい》、約４万９千人のスタッフが、世界75の国と地域《ちいき》で活動を行っている。

国境《こっきょう》なき医師団《いしだん》

～世界中に医療《いりょう》を届《とど》ける団体《だんたい》～

文／光丘 真理

第一章

国境《こっきょう》なき医師団《いしだん》の設立《せつりつ》と歩み

❖国境《こっきょう》なき医師団《いしだん》って？

地球は、宇宙《うちゅう》から見れば、青く美しい星。

しかし、悲しいことにその中で、国と国、人と人とが対立して、戦争がくり返されている。

また、気候の変動などによる天災《てんさい》の被害《ひがい》も*1後《あと》を絶《た》たない。

*2感染症《かんせんしょう》が流行したり、*3貧困《ひんこん》や*4飢《う》え、*5性暴力《せいぼうりょく》や差別や不平等も

---

*1 後《あと》を絶《た》たない…いつまでも終わらない。

*2 感染症《かんせんしょう》…ウイルスなどの病原体が体内に入ることで起こる病気。

*3 貧困《ひんこん》…貧《まず》しくて、生活に困《こま》ること。

*4 飢《う》え…食料が足りなくて、腹《はら》が減《へ》ること。

*5 性暴力《せいぼうりょく》…同意のない性《せい》的《てき》な行為《こうい》。

深刻《しんこく》な問題である。

　戦争や災害《さいがい》で住む所を失い、難民《なんみん》[*6]生活を強《し》いられた人びとも大勢《おおぜい》いる。

　どの場合も、十分な医療《いりょう》[*7]や援助《えんじょ》を受けられないばかりか、病院へ行くことも危険《きけん》だったり、衛生《えいせい》[*8]管理がずさん[*9]で、清潔《せいけつ》な水さえない状況《じょうきょう》だったりして、命の危機《きき》と隣《とな》り合《あ》わせで苦しんでいる。

　そういう人たちのところへかけつけ、医療《いりょう》・人道援助《じんどうえんじょ》活動を行うのが「国境《こっきょう》[*10]なき医師団《いしだん》[*11]」（MSF《エムエスエフ》[*12]）である。

　国境《こっきょう》なき医師団《いしだん》は、世界で今も起きている命の危機《きき》に向き合いながら、活動を続けている国際的緊急医療援助団体《さいてききんきゅういりょうえんじょだんたい》で、一九七一年に設立《せつりつ》された。

MEDECINS SANS FRONTIERES
国境なき医師団

*6 難民《なんみん》…紛争《ふんそう》や迫害《はくがい》、暴力や貧困《ひんこん》などによって、住まいを追われ、国外に逃《のが》れた人。
*7 医療《いりょう》…医者の技術《ぎじゅつ》や薬で病気やけがを治すこと。
*8 衛生《えいせい》管理…病気にならないよう、身のまわりを清潔《せいけつ》な状態《じょうたい》にたもつこと。
*9 ずさん…計画や仕事のやりかたがいいかげんで、まちがいが多いこと。
*10 国境《こっきょう》…国と国との境《さかい》。
*11 医師団《いしだん》…医師《いし》を中心に結成された医療団体《いりょうだんたい》。
*12 MSF《エムエスエフ》…国境《こっきょう》なき医師《いし》団《だん》のフランス語名「MEDECINS《メデュサン》 SANS《サン》 FRONTIERES《フロンティエール》」の略称《りゃくしょう》。

設立《せつりつ》のきっかけは、一九六七年に[*1]ナイジェリアで起きた[*2]ビアフラ戦争だった。

　これは、二年半にもおよぶ[*3]内戦で、食料をとどけるための経《けい》路《ろ》が断《た》たれ、[*4]餓死《がし》や[*5]伝染病《でんせんびょう》による死をふくめ、百五十万人もの市民が亡《な》くなってしまった。

　援助《えんじょ》活動に参加していたフランス人の医師《いし》たちは、この[*6]悲惨《ひさん》な実態《じったい》に、強い[*7]いきどおりを感じて、世界に向けて[*8]抗議《こうぎ》の声を上げた。

　この「医師《いし》と[*9]ジャーナリスト」十三名により、一九七一年十二月二十二日、「国境《こっきょう》なき医師団《いしだん》」は設立《せつりつ》された。

　それから五十年以上にわたり、国境《こっきょう》なき医師団《いしだん》は、世界中で医療《いりょう》・人道援助《じんどうえんじょ》活動を行いながら、活動の現場《げんば》で目撃《もくげき》した悲惨《ひさん》な実態《じったい》とその修復《しゅうふく》・改善《かいぜん》のために、社会に「現地《げんち》からの声」を伝え、[*10]人道危機《じんどうきき》を訴《うった》え続けている。

＊1 ナイジェリア…アフリカ中西部にある国。
＊2 ビアフラ戦争…一九六七〜一九七〇年に起こった内戦。ナイジェリア南東部に住むイボ人がビアフラ共和国として分離《ぶんり》・独立《どくりつ》を宣言《せんげん》したことがきっかけだった。
＊3 内戦…国内で、国民どうしが戦うこと。
＊4 餓死《がし》…飢《う》えて死ぬこと。
＊5 伝染病《でんせんびょう》…感染症《かんせんしょう》（4ページ）の一つ。病原体が原因《げんいん》で引き起こされる病気を「感染症《かんせんしょう》」、その中で人から人へとうつっていくものを「伝染病《でんせんびょう》」と呼《よ》んで区別するが、現在《げんざい》は「伝染病《でんせんびょう》」という言葉はあまり使われない。
＊6 悲惨《ひさん》…悲しくていたましい様子。
＊7 いきどおり…怒《おこ》ること。腹《はら》が立《た》つこと。

　また、医師《いし》[*11]や看護師《かんごし》などの「医療従事者《いりょうじゅうじしゃ》」[*12]と、その医療《いりょう》活動をサポートする[*13]「非医療従事者《ひいりょうじゅうじしゃ》」の割合はほぼ半分ずつで、両者が協力して活動を続けているのだ。

　国境《こっきょう》なき医師団《いしだん》には、二〇二二年時点で世界中に六つの「オ[*14]ペレーション組織《そしき》」があり、また世界四十二か所に事務局《じむきょく》があり、オペレーション組織《そしき》[*15]と連携《れんけい》して、活動地にスタッフを送り出している。

　日本事務局《じむきょく》もあり、[*16]証言《しょうげん》活動や、活動地で働くスタッフの採《さい》用《よう》、資金《しきん》を集める役割《やくわり》を担《にな》っている。

　国境《こっきょう》なき医師団《いしだん》の活動資金《しきん》は、九割《わり》以上が民間からの寄付《きふ》で[*17]まかなわれている。これは、どこの政治《せいじ》や宗教《しゅうきょう》、経済的権力《けいざいてきけんりょく》からも独立《どくりつ》して、公平に医療《いりょう》を提供《ていきょう》するためである。

＊8　抗議《こうぎ》…発言や行いなどを不当として、反対の意見を言うこと。

＊9　ジャーナリスト…新聞や雑誌《ざっし》などに情報《じょうほう》を提供《ていきょう》する職業《しょくぎょう》の人。

＊10　人道《じんどう》…人として守らなければいけない道徳。

＊11　看護師《かんごし》…17ページ参照。

＊12　従事者《じゅうじしゃ》…その仕事にたずさわっている人。

＊13　非医療《ひいりょう》…医療《いりょう》ではない。

＊14　オペレーション組織《そしき》…フランス、オランダ、スイス、ベルギー、スペイン、コートジヴォワールにある、プロジェクト（事業や計画）の管理・運営《うんえい》をする組織《そしき》。

＊15　連携《れんけい》…連絡《れんらく》を取り合って一つのことを行うこと。

＊16　証言《しょうげん》…言葉で事実を証《しょう》明《めい》すること。

＊17　まかなわれている…費用《ひよう》や人手などが用意される。

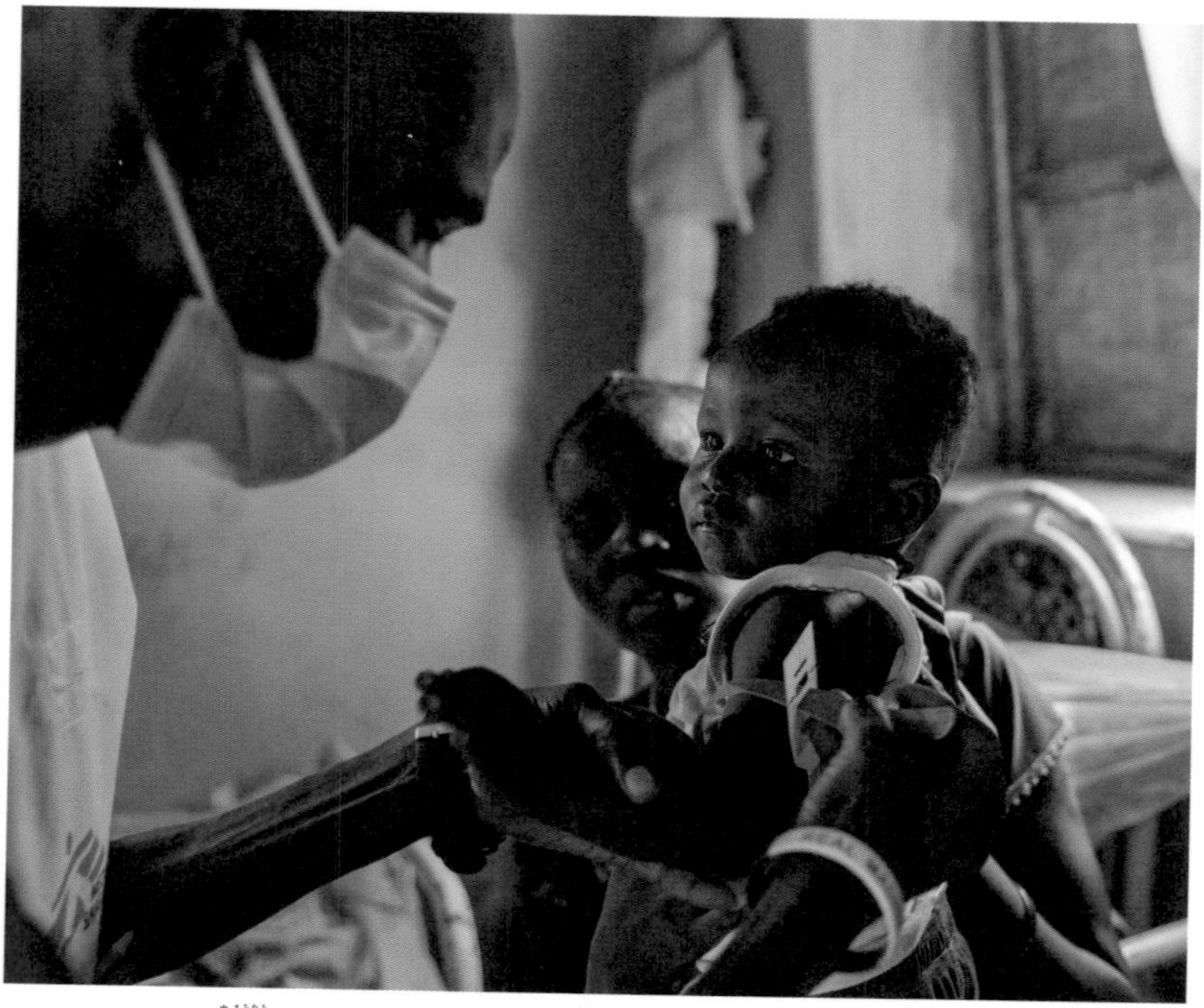

2021年10月26日、[*1]南《みなみ》スーダンのアウェイル。[*2]マラリアのシーズンに子どもの[*3]栄養失調の状態《じょうたい》を測《そく》定《てい》する国境《こっきょう》なき医師団《いしだん》の[*4]スタッフ。(©Adrienne Surprenant/Item)

＊1 南《みなみ》スーダン…アフリカ中東部にある国。

＊2 マラリア…マラリア原虫によって引き起こされる熱病。

＊3 栄養失調…栄養がかたよったり、足りなかったりして起こる体の状態《じょうたい》。

＊4 スタッフ…その仕事を担当《たんとう》する人。

＊5 避難民《ひなんみん》キャンプ…国内避難民《ひなんみん》の滞在施設《たいざいしせつ》。国内避難民《ひなんみん》とは、戦争などの危険《きけん》を逃《のが》れるため、家を離《はな》れて国内で避難《ひなん》している人びとのこと。

＊6 ロジスティシャン…17ページ参照。

＊7 ウクライナ…東ヨーロッパにある国。39ページ地図参照。

＊8 ＩＣＵ《アイシーユー》…集中治療室《ちりょうしつ》。集中治療《ちりょう》が必要な重症患者《じゅうしょうかんじゃ》を受け入れる治療室《ちりょうしつ》のこと。

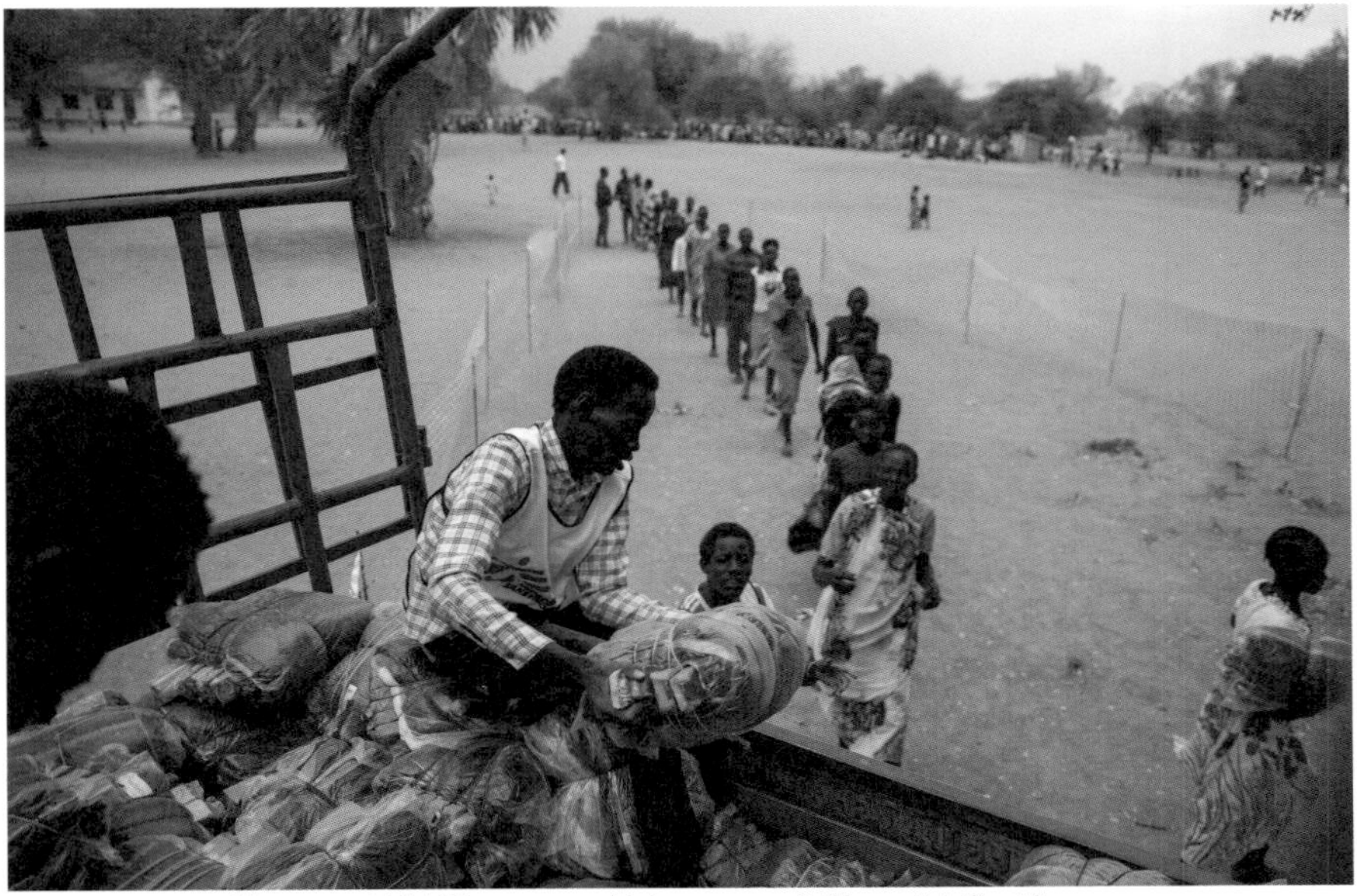

2022年4月10日、南《みなみ》スーダンの避難民《ひなんみん》[*5]キャンプで毛布《もうふ》などを配る国境《こっきょう》なき医師団《いしだん》のロジスティシャン[*6]。（©Scott Hamilton/国境なき医師団）

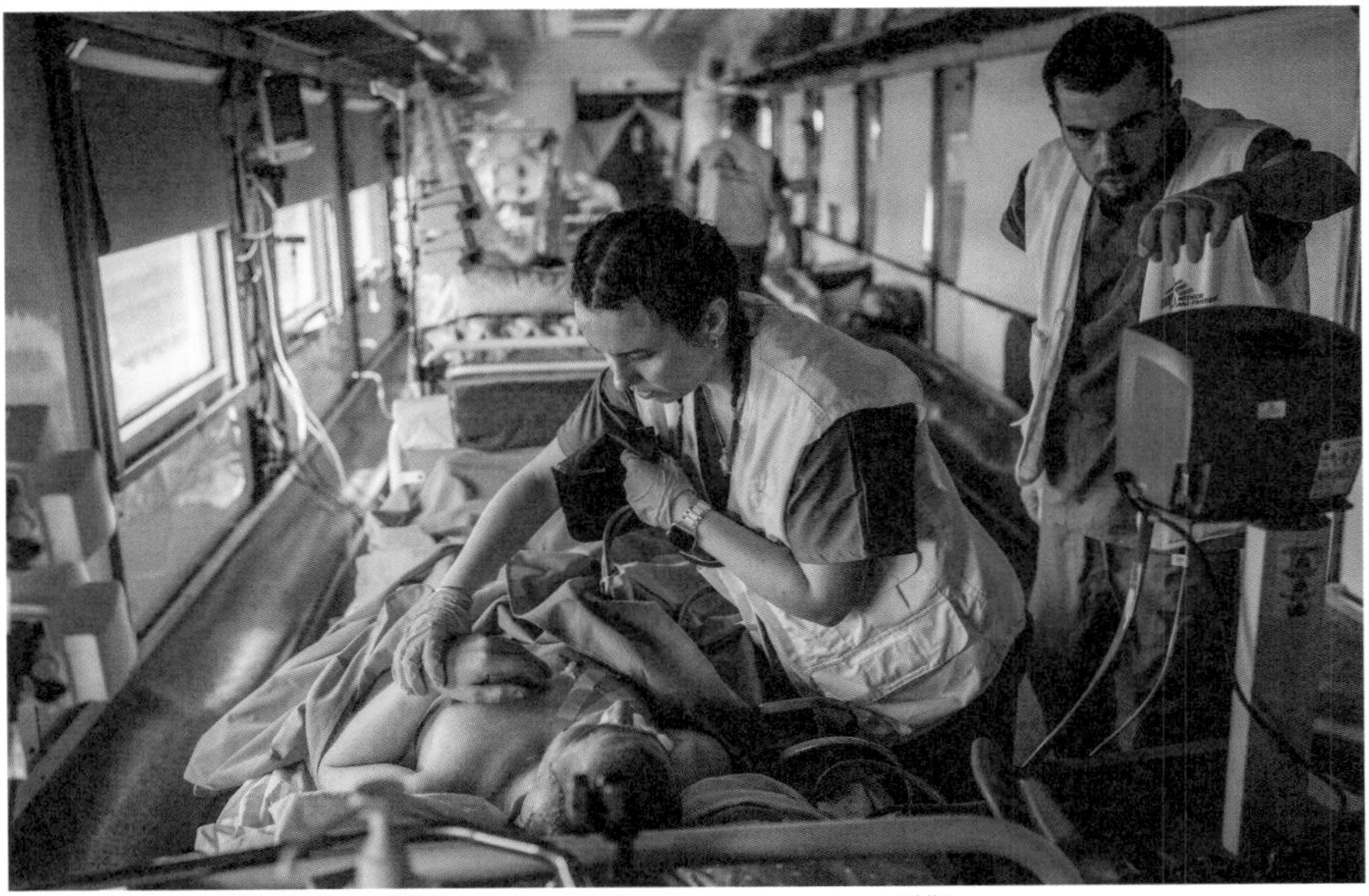

2022年5月20日、ウクライナ[*7]。ＩＣＵ《アイシーユー》[*8]がある医療《いりょう》列車で東部から西部に患者《かんじゃ》を運ぶ。（©Andrii Ovod）

❖どんな活動なの？

活動の原則《げんそく》には、「独立《どくりつ》・中立・公平」という大きな三つの柱がある。

この原則《げんそく》のもと、「緊急医療援助《きんきゅういりょうえんじょ》」と「証言《しょうげん》」の活動をしている。「緊急医療援助《きんきゅういりょうえんじょ》」活動とは、人種や政治《せいじ》、宗教《しゅうきょう》にかかわらず、医療《いりょう》が必要な人びとを分《わ》け隔《へだ》て[1]なく援助《えんじょ》すること。「証言《しょうげん》」活動とは、こうした医療《いりょう》活動などの「援助《えんじょ》」とともに、目にした危機《きき》や暴力《ぼうりょく》の実態《じったい》などについて情報《じょうほう》を発信し、弱い立場にある人びとの声を代弁《だいべん》[2]する活動である。

現在《げんざい》、約四万九千人のスタッフ[3]が、世界七十五の国と地域《ちいき》で、外科治療《げかちりょう》、母子保健《ほけん》、栄養失調治療《ちりょう》、感染症治療《かんせんしょうちりょう》[4]、心理ケアなど、多岐《たき》[5]にわたる医療《いりょう》活動を行っている。

活動地では、医療《いりょう》スタッフとしては、医師《いし》や看護師《かんごし》はもちろんのこと、妊娠中《にんしんちゅう》から出産・産後まで母子の健康をサポート[6]す

＊1 分《わ》け隔《へだ》てなく…差別しないで。相手によって扱《あつか》いを変えないで。

＊2 代弁《だいべん》…本人に代わって、意見を述《の》べること。

＊3 スタッフ…8ページ参照。

＊4 感染症《かんせんしょう》…4ページ参照。

＊5 多岐《たき》にわたる…物事が多方面に関わりを持っている。

＊6 サポート…支援《しえん》すること。

＊7 助産師《じょさんし》…妊娠《にんしん》中や出産後の女性《じょせい》の健診《けんしん》や手助け、産後ケア、性感染症予防《せいかんせんしょうよぼう》のための教育や啓発《けいはつ》活動などを行う人。

る[*7]助産師《じょさんし》、薬の専門家《せんもんか》である薬剤師《やくざいし》などがいる。
　医療《いりょう》以外の専門家《せんもんか》としては、現地《げんち》で働くスタッフや資金《しきん》を管理する[*8]人事・[*9]財務《ざいむ》担当の[*10]アドミニストレーター、[*11]物資《ぶっし》の手配から[*12]診療所《しんりょうじょ》やトイレの建設《けんせつ》、[*13]井戸《いど》や[*14]発電機の設置《せっち》など、[*15]縁《えん》の下《した》の力持ちである[*16]ロジスティシャンがいて、世界各地から集まったスタッフや現地《げんち》スタッフとともに活動を続けている。

　つまり、「医師団《いしだん》」という名前から医療従事者《いりょうじゅうじしゃ》の団体《だんたい》のように勘違《かんちが》いされることがあるが、約半数は、その医療《いりょう》活動を支《ささ》えるスタッフ（非医療従事者《ひいりょうじゅうじしゃ》）で構成《こうせい》されているのだ。
　オペレーション組織《そしき》では、世界のどの地区でどのような援助《えんじょ》が必要かなどをキャッチして、各地の事務局《じむきょく》と連携《れんけい》し、現地《げんち》へ人材と資金《しきん》を配置し、活動を[*17]統括《とうかつ》している。
　戦争や災害《さいがい》は、突然《とつぜん》起きて、予測《よそく》がつきにくい。そのため、

*8 人事…会社や組織《そしき》などで、職員《しょくいん》の地位や仕事などに関することがら。

*9 財務《ざいむ》…予算管理や資金《しきん》調達など、お金に関わる仕事。

*10 アドミニストレーター…17ページ参照。

*11 物資《ぶっし》…必要な品物や資材《しざい》。

*12 診療所《しんりょうじょ》…医師《いし》が診察《しんさつ》・治療《ちりょう》を行う施設《しせつ》。病院よりも規模《きぼ》が小さい。

*13 井戸《いど》…水をくみ上げるための設備《せつび》。

*14 発電機…電気をつくり出す機械。

*15 縁《えん》の下《した》の力持ち…人には見えない所で力をつくし、支《ささ》えている人。

*16 ロジスティシャン…17ページ参照。

*17 統括…取りまとめること。

2022年9月26日、[*1]パキスタンで起きた洪水《こうずい》に対して、[*2]断水《だんすい》が続く村までボートで向かう緊急対応《きんきゅうたいおう》チーム。(©Zahra Shoukat/国境なき医師団)

2022年10月13日、[*3]地中海で[*4]過密状態《かみつじょうたい》のゴムボートに乗り、海で[*5]遭難《そうなん》する人びとを救助《きゅうじょ》。
(©Candida Lobes/国境なき医師団)

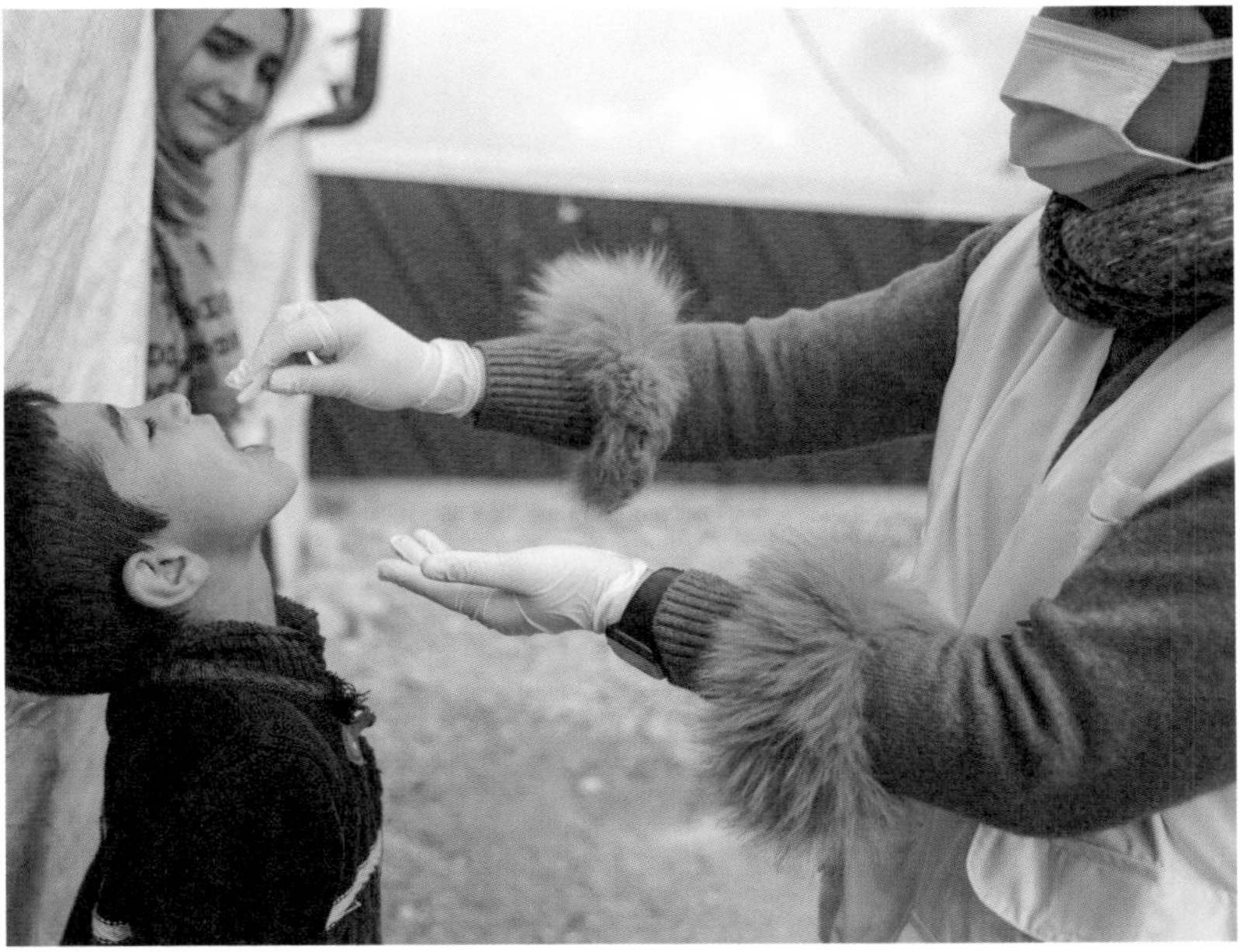

2022年11月15日、[6]レバノンでの[7]コレラの[8]ワクチン[9]接種《せっしゅ》。
(©Mohamad Cheblak/国境なき医師団)

＊1 パキスタン…南アジア、インドの西にある国。

＊2 断水《だんすい》…水道の給水が止まること。

＊3 地中海…北と西はヨーロッパ、東はアジア、南はアフリカに囲《かこ》まれ、西端《せいたん》で大西洋に通じる海域《かいいき》。

＊4 過密《かみつ》…人やものが集まりすぎていること。

＊5 遭難《そうなん》…命に関わるような危険《きけん》にあうこと。

＊6 レバノン…中東にある国。

＊7 コレラ…14ページ参照。

＊8 ワクチン…病気にかからないようにしたり、病気にかかっても症状《しょうじょう》が軽くすむようにしたりするために、体に取り入れる薬剤《やくざい》のこと。

＊9 接種《せっしゅ》…体を病原菌《びょうげんきん》に対して強くするために、ワクチンなどを体に入れること。

*1 緊急事態《きんきゅうじたい》が世界のどこで起きても対応《たいおう》できるように、準備《じゅんび》しておくことも必要だ。

緊急事態《きんきゅうじたい》発生から四十八時間以内に現地《げんち》へ到着《とうちゃく》できるように、人材に待機してもらい、必要なものも前もって準備《じゅんび》しておく。

医療援助《いりょうえんじょ》に必要な薬や機材*2は「キット」というセット。必要に応《おう》じて*3「外科手術《げかしゅじゅつ》キット」*4「予防接種《せっしゅ》キット」*5「コレラキット」などをすぐに送り出せるように、世界各地の倉庫に保管《ほかん》している。

そして、緊急時《きんきゅうじ》には、ただちに移動手段《しゅだん》を整えて現地《げんち》へ向かう。

おもな医療《いりょう》活動としては、次のような活動が挙げられる。

*6 紛争地《ふんそうち》などで負傷者《ふしょうしゃ》の治療《ちりょう》をするときに、病院や手術室《しゅじゅつしつ》が足りない場合が多い。そういう地域《ちいき》では、空気でふくらませたテント病院を設置《せっち》することもある。

紛争《ふんそう》や自然災害《さいがい》で避難《ひなん》生活をせざるを得《え》なくなると、感染症《かんせんしょう》が大流行することがよくある。流行をおさえるために、集団予《しゅうだんよ》

---

*1 緊急事態《きんきゅうじたい》…すばやい対応《たいおう》が必要とされる状態《じょうたい》。

*2 機材…機械と材料。

*3 外科手術《げかしゅじゅつ》…メスなどを使って患部《かんぶ》（病気や傷《きず》のある部分）を切開し、治《ち》療的処置《りょうてきしょち》をほどこすこと。「オペ」とも呼《よ》ばれる。

*4 予防接種《よぼうせっしゅ》…感染症《かんせんしょう》の発生や流行を予防《よぼう》するために、ワクチン（13ページ参照）を健康な人に接種《せっしゅ》すること。

*5 コレラ…コレラ菌《きん》による感染症《かんせんしょう》。汚染《おせん》された水や食べ物によって発症《はっしょう》し、はげしい下痢《げり》やおう吐《と》が続く。

*6 紛争地《ふんそうち》…争いや対立が起こっている所。

防接種《ぼうせっしゅ》をしたり、コレラ対策《たいさく》として、コレラ治療《ちりょう》センターを各地に設置《せっち》して対応《たいおう》したりしている。

栄養失調[7]が深刻《しんこく》な地域《ちいき》では、特別な栄養治療食《ちりょうしょく》[8]や栄養補助食《ほじょしょく》[9]を使い、治療《ちりょう》や予防《よぼう》をしている（栄養失調が原因《げんいん》で、世界で毎年五歳未満《さいみまん》の子ども二百三十万人以上[10]が死亡《しぼう》している）。

　医療施設《いりょうしせつ》が足りなくて、命の危険《きけん》にさらされている地域《ちいき》には、医療《いりょう》をとどけ、また必要な情報《じょうほう》をとどける。

　これらの治療《ちりょう》以外に、戦争や災害《さいがい》、性暴力《せいぼうりょく》などで傷《きず》ついた人たちのために、心理ケア[11]ルームなどを設置《せっち》して心の治療《ちりょう》にも力を注いでいる。

「国の境目《さかいめ》が生死の境目《さかいめ》であってはならない」。どんな人種、性《せい》別《べつ》、宗教《しゅうきょう》、政治《せいじ》であっても平等に治療《ちりょう》にあたり助けることを使命にしている。「患者《かんじゃ》ファースト（第二）」が、絶対《ぜったい》に外せない国境《こっきょう》なき医師団《いしだん》の原則《げんそく》だ。

＊7　栄養失調…8ページ参照。

＊8　栄養治療食《ちりょうしょく》…重度の栄養不良の人を、健康な人並《な》みの体重に戻《もど》すための栄養成分を含んだ食べ物。

＊9　栄養補助食《ほじょしょく》…不足しがちな栄養をおぎなうための食事。

＊10　二百三十万人以上…二〇二二年時点。（ブックレット『国境《こっきょう》なき医師団《いしだん》ってなんだろう？』より）

＊11　心理ケア…心の健康を手助けすること。メンタルケアともいう。

2023年6月6日、ウクライナの戦争の影響《えいきょう》で避難《ひなん》している子どもたちに、心[*1]のケアの活動をする。（写真：国境なき医師団）

2023年7月6日、ナイジェリアでヘルスプロモーター[*2]が、子どもたちの栄養管理やマラリア予防《よぼう》について、健康教育を行う。（©Abba Adamu Musa/国境なき医師団）

＊1 心のケア…心理ケアのこと。15ページ参照。

＊2 ヘルスプロモーター…左ページ参照。

国境《こっきょう》なき医師団《いしだん》のスタッフ

国境《こっきょう》なき医師団《いしだん》で、どんなスタッフが活躍《かつやく》しているか見てみましょう。

プロジェクト・コーディネーター*3

プロジェクトの運営《うんえい》管理、チームメンバーの管理、安全管理を行う。

ロジスティシャン

物資《ぶっし》や車両、機材の調達・管理、施設《しせつ》の維持《いじ》管理を行う。

アドミニストレーター

経理《けいり》・予算管理、人事などを行う。

医師《いし》

大人から子どもまで、さまざまな疾《しっ》患《かん》*4に苦しむ患者《かんじゃ》を診察《しんさつ》・治療《ちりょう》する。

看護師《かんごし》

患者《かんじゃ》の看護《かんご》ケアや手術《しゅじゅつ》の手伝い、病院の衛生《えいせい》管理などを行う。

薬剤師《やくざいし》

医薬品《いやくひん》の在庫《ざいこ》や保存環境《ほぞんかんきょう》の管理などを行う。

ヘルスプロモーター

現地《げんち》の住民とコミュニケーションを取り、病気の予防《よぼう》・対策《たいさく》や、国境《こっきょう》なき医師団《いしだん》の活動への認識《にんしき》を広める活動を実施する。

*3 プロジェクト…目的を達成するために、臨時《りんじ》でつくられた組織《そしき》や業務《ぎょうむ》。

*4 疾患《しっかん》…病気。

❖ノーベル平和賞受賞《へいわしょうじゅしょう》

一九九九年。国境《こっきょう》なき医師団《いしだん》は、「この組織《そしき》がいくつかの大陸で行ってきたさきがけ[*1]的人道《じんどう》援助《えんじょ》活動」の功績《こうせき》に対して、[*2]ノーベル平和賞《へいわしょう》を受賞《じゅしょう》した。

授賞式《じゅしょうしき》のスピーチ[*3]は、当時の国境《こっきょう》なき医師団《いしだん》の国際的《こくさいてき》な代表者を務《つと》めていた内科医・ジェイムズ・オルビンスキ氏が行った。

オルビンスキ氏は、授賞式《じゅしょうしき》の直前まで、シベリア[*4]のマリンスクに出向いて第三十三[*5]強制収容所《きょうせいしゅうようじょ》で、チームの仲間とともに、[*6]結核《けっかく》の流行で病んでいる[*7]囚人《しゅうじん》たちの治療《ちりょう》にあたっていた。

授賞式《じゅしょうしき》の前夜になり、オルビンスキ氏は、国境《こっきょう》なき医師団《いしだん》フランスの会長・フィリップ・ビベルソンとパリ事務局《じむきょく》法務《ほうむ》担当《たんとう》理事で[*8]人道法《じんどうほう》の専門家《せんもんか》であるフランソワーズ・ブシェ・ソルニエと三人で、夜明けまでかかってスピーチ原稿《げんこう》を書き上げた。

MSFは1999年度のノーベル平和賞を受賞しました。

＊1 さきがけ…ほかのものより先になるもの。

＊2 ノーベル平和賞《へいわしょう》…国家間の友好関係や軍備《ぐんび》の削《さく》減《げん》などに貢献《こうけん》した個人《こじん》や団体《だんたい》に贈《おく》られる賞《しょう》。ノーベル賞《しょう》には、平和賞《へいわしょう》のほかに、物理学賞《ぶつりがくしょう》、化学賞《かがくしょう》、生理学《せいりがく》・医学賞《いがくしょう》、文学賞《ぶんがくしょう》、経済学賞《けいざいがくしょう》がある。

＊3 スピーチ…演説《えんぜつ》すること。

＊4 シベリア…ロシア中央～東部の地域《ちいき》。マリンスクは町の名前。

＊5 強制収容所《きょうせいしゅうようじょ》…政治的《せいじてき》な理由などで、裁判《さいばん》しないで人びとを無理に入れておく施設《しせつ》。

＊6 結核《けっかく》…結核菌《けっかくきん》による感《かん》染症《せんしょう》。結核患者《けっかくかんじゃ》のせきやくしゃみなどによって、空気中に結核菌《けっかくきん》が飛び散り、まわりの人がその結《けっ》

核菌《かくきん》を吸《す》いこむことにより感染《かんせん》する。

＊7　囚人《しゅうじん》…ろうやに入れられている人。

＊8　人道法《じんどうほう》…国際人道法《こくさいじんどうほう》のこと。武力紛争《ぶりょくふんそう》（戦争）で負傷《ふしょう》したり病気になったりした兵士《へいし》や捕虜《ほりょ》、武《ぶ》器《き》を持たない一般《いっぱん》市民などへの配慮《はいりょ》と対応《たいおう》を定めた国際法《こくさいほう》。ジュネーヴ諸《しょ》条約《じょうやく》などの総称《そうしょう》で、国際《こくさい》人道法《じんどうほう》という名称《めいしょう》の条約《じょうやく》はない。

一九九九年十二月十日の朝。国境《こっきょう》なき医師団代表団《いしだんだいひょうだん》のメンバーたちは、ロシア語で「[1]グローズヌイ市民への爆撃《ばくげき》を中止せよ」と書かれた白いT《ティー》シャツを着た。

彼《かれ》らは全員でこのT《ティー》シャツを着て授賞式《じゅしょうしき》に出席した。

これはロシアがチェチェン共和国《きょうわこく》の独立《どくりつ》を[2]阻止《そし》するためにチェチェンの首都グローズヌイを爆撃《ばくげき》したことへの抗議《こうぎ》を表していた。

オルビンスキ氏は、スピーチの初めに、チェチェンで起きたことを話した。（以下、『　』で示《しめ》すオルビンスキ氏のスピーチは、国境《こっきょう》なき医師団《いしだん》ウェブサイト「[3]ノーベル平和賞《へいわしょう》」より引用。表記は本書のルールに合わせ、一部変更《へんこう》しています。）

『チェチェン、そしてグローズヌイの人びとは、今日まで三か月以上もロシア軍の無差別爆撃《むさべつばくげき》を耐《た》え忍《しの》んでいます。彼《かれ》らにとって人道援助《じんどうえんじょ》は事実上ありません。グローズヌイを出るこ

＊1 グローズヌイ…チェチェン共和国の首都。チェチェン共和国《きょうわこく》は、ロシア連邦《れんぽう》内の共和国《きょうわこく》。左ページ地図参照。

＊2 阻止《そし》…じゃまをして、止めること。

＊3 ノーベル平和賞スピーチサイト…https://www.msf.or.jp/about/nobel/

チェチェン共和国《きょうわこく》の位置と周辺の国ぐに。

とができないのは病人や高齢者《こうれいしゃ》、弱った人びとなのです。今《こん》日《にち》、皆様《みなさま》が私《わたし》たちにくださる栄誉《えいよ》[*1]ある賞《しょう》は、危機的《ききてき》な状況《じょうきょう》に置かれた人びとの尊厳《そんげん》[*2]を尊重《そんちょう》するものです。そして皆様《みなさま》は人間の尊厳《そんげん》に対して行う私《わたし》たちの個《こ》この対応《たいおう》を評価《ひょうか》してくださったのです。』

そして、オルビンスキ氏は、出席者の中にいたロシアの大使[*3]に向けて続けた。

『私は今日ここに声を大にして訴《うった》えます。ロシア大使閣下《かっか》に、そして大使閣下《かっか》を通じてエリツィン大統領《だいとうりょう》[*4]に、無防備《むぼうび》な市民を襲《おそ》うチェチェンでの爆撃《ばくげき》を止めるようにと。紛争《ふんそう》[*5]や戦争が国家の問題だとしても、人道的《じんどうてき》な法を侵《おか》すこと、戦争のもたらす罪《つみ》、人間性《にんげんせい》に背《そむ》いた行為《こうい》は、この社会に生きる私《わたし》たちすべてを苦しめるものなのです。』

オルビンスキ氏は、国境《こっきょう》なき医師団《いしだん》の活動についても語った。

＊1 栄誉《えいよ》…立派《りっぱ》であると認《みと》められること。ほまれ

＊2 尊厳《そんげん》…尊《とうと》さのこと。

＊3 大使…国を代表して、外国に派遣《はけん》されている最高位の外交官。外交官は、ほかの国ぐにとの関係や事務《じむ》の処理《しょり》を交渉《こうしょう》したり、協議したりする公務員《こうむいん》。

＊4 エリツィン大統領《だいとうりょう》…一九九四年当時のロシア大統領《だいとうりょう》。

＊5 紛争《ふんそう》…物事がもめて、争うこと。

『皆様《みなさま》が今日《きょう》私《わたし》たちにくださる名誉《めいよ》ある賞《しょう》ですが、世界のさまざまな状況下《じょうきょうか》で闘《たたか》っている数多くの組織《そしき》や個人《こじん》のうち、どなたが受けられてもおかしくなかったでしょう。しかし皆様《みなさま》は国境《こっきょう》なき医師団《いしだん》を選び、認《みと》めてくださったのです。

(中略《ちゅうりゃく》)*6沈黙《ちんもく》は長い間中立と*7混同《こんどう》してとらえられており、人道《じんどう》的《てき》な活動の必要条件《じょうけん》とされてきましたが、国境《こっきょう》なき医師団《いしだん》は活動当初からこの前提《ぜんてい》に*8異《い》を唱《とな》えて設立《せつりつ》されたのです。言葉が常《つね》に命を救《すく》えるわけではありませんが、沈黙《ちんもく》は確《たし》かに人を殺《ころ》し得《え》ます。二十八年間、私《わたし》たちはこの*9拒否《きょひ》の*10倫理《りんり》をしっかりと守り、変えずにやってきました。国境《こっきょう》なき医師団《いしだん》のアイデンティティーは完全ではないながらも活動を通じながら闘《たたか》っています。また、何百万人もの方がたが金銭面《きんせんめん》や精神面《せいしんめん》で国境《こっきょう》なき医師団《いしだん》というプロジェクトを支援《しえん》してくださっています。』

*6 沈黙《ちんもく》…だまっていること。

*7 混同《こんどう》…区別すべきものを、同じものとしてしまうこと。

*8 異《い》を唱《とな》える…ある意見に反対する。

*9 拒否《きょひ》…提案《ていあん》や希望を断《ことわ》ること。

*10 倫理《りんり》…人として行うべき正しい道。

ここで述べられた「言葉が常《つね》に命を救《すく》えるわけではありませんが、沈黙《ちんもく》は確《たし》かに人を殺《ころ》し得《え》ます」こそが、国境なき医師団が証言活動を使命とする大きな理由なのだ。

スピーチは、その後、世界で起きている無差別な暴力《ぼうりょく》や災害《さいがい》や感染症《かんせんしょう》に苦しむ人びとの具体的な例を挙げながら続いた。

スピーチの中で、オルビンスキ氏は、個人的《こじんてき》な証言《しょうげん》をした。

一九九四年のルワンダ*1での紛争《ふんそう》で、大量虐殺《ぎゃくさつ》*2が行われ、おもに女性《じょせい》や子どもたちが味わった非人間的《ひにんげんてき》な悲惨《ひさん》さと、その苦しみと恐怖《きょうふ》についてだった。

オルビンスキ氏は、会場に出席していたルワンダ出身のスタッフ、シャンタル・ンダジジマナさんに顔を向けた。

『シャンタルさんは一九九四年に起こったルワンダの大量虐殺《たいりょうぎゃくさつ》によって親族*3のうちの四十人を亡《な》くされました。

現在《げんざい》はブリュッセル*4で国境《こっきょう》なき医師団《いしだん》のスタッフとして働い

---

*1 ルワンダ…東アフリカにある国。首都はキガリ。

*2 大量虐殺《ぎゃくさつ》…意図的にたくさんの人を殺《ころ》すこと。「虐殺《ぎゃくさつ》」とは、むやみやたらに殺《ころ》すことや、ひどい殺《ころ》し方のこと。

*3 親族…親せき。

*4 ブリュッセル…ベルギーの首都。

*5 難民《なんみん》…5ページ参照。

1994年5月、ルワンダとの国境《こっきょう》近くにある、タンザニアのベナコ[＊5]難民《なんみん》キャンプの小屋に水を運ぶルワンダ難民《なんみん》。（写真：AP/アフロ）

ルワンダと周辺の国ぐに。

ています。彼女《かのじょ》は虐殺《ぎゃくさつ》を逃《のが》れることができましたが、彼女《かのじょ》の母親、父親、兄弟、姉妹はできませんでした。

百万人にもおよぶ犠牲者《ぎせいしゃ》や数百人の国境《こっきょう》なき医師団《いしだん》の現地《げんち》スタッフも同様です。

当時私はキガリで行われていた活動の責任者《せきにんしゃ》でした。そこで働いていた人びとの勇気、そこで亡《な》くなった人びとの恐怖《きょうふ》は、とても言葉ではお伝えできないでしょう。そして私《わたし》をはじめとする国境《こっきょう》なき医師団《いしだん》のスタッフは、言葉では言い表せないような深い悲しみを今も心に抱《いだ》き続けています。』

また、オルビンスキ氏は、国境《こっきょう》なき医師団《いしだん》として働く人びとがどんな思いで参加しているかについても述《の》べている。

『国境《こっきょう》なき医師団《いしだん》のボランティア[*1]やスタッフは、人間としての尊厳《そんげん》がおびやかされている人びとと接《せっ》しながら、日び生活し、活動しています。

＊1　ボランティア…金銭上《きんせんじょう》の利益《りえき》を求めずに、自分からすすんで地域《ちいき》や社会に役立つ活動をする人のこと。

彼《かれ》らは、自分の持つ自由な世界をもっと住みやすい場所にするために使いたいと考え、この仕事を希望しました。』

オルビンスキ氏は、国境《こっきょう》なき医師団《いしだん》が世界中で活動することを通じて、そこで目撃《もくげき》した不正や無差別な暴力《ぼうりょく》を世界に訴《うった》えることができるとも話した。これらはすべて、暴力《ぼうりょく》と破壊《はかい》の*2連鎖《れんさ》が終わることを願って行っていることだと言い切った。

ノーベル平和賞《へいわしょう》の九十六万ドルの賞金《しょうきん》は、「*3顧《かえり》みられない感染《かんせん》症《しょう》などの病《やまい》」の治療薬《ちりょうやく》の開発や製造《せいぞう》、調達、分配を行う*4パイロット・プロジェクトの*5基金《ききん》にあてられた。

貧《まず》しい国の人びとが、命を救《すく》う医療品《いりょうひん》を使用することができずに、感染症《かんせんしょう》で毎年何百万人も死亡《しぼう》している実状《じつじょう》にも国境《こっきょう》なき医師団《いしだん》は、真剣《しんけん》に取り組みながら活動している。

それでは、実際《じっさい》に世界各地で活動をしている日本人のスタッフの方がたを紹介《しょうかい》しよう。

*2 連鎖《れんさ》…鎖《くさり》のように、つながって続くこと。

*3 顧《かえり》みられない…関心が向けられない。

*4 パイロット・プロジェクト…ある技術《ぎじゅつ》を本格的《ほんかくてき》に導入《どうにゅう》する前に、試験的に行う事業計画。

*5 基金《ききん》…何かに使うために、積み立てなどで、準備《じゅんび》しておくお金。

第二章

外科医《げかい》[*1]として命と向き合う

～久留宮《くるみや》 隆《たかし》さん

❖ぼくが国境《こっきょう》なき医師団《いしだん》に入ったわけ

外科医《げかい》の久留宮隆《くるみやたかし》さんが、国境《こっきょう》なき医師団《いしだん》（MSF《エムエスエフ》）に入ったきっかけは、中学生のときに見たテレビ番組だった。

当時中学生だった久留宮《くるみや》さんは、あるノンフィクション[*2]番組で、北海道《ほっかいどう》のへき地[*3]で働く医師《いし》の姿《すがた》に感動した。

それからは、

「自分も、この医師《いし》のように、人びとの命を助けるために、どこへでも行き、なんでも治療《ちりょう》できる医師《いし》になりたい。」

と願うようになった。

＊1 外科医《げかい》…病気やけがを手術《しゅじゅつ》で治す医師《いし》。それに対して、病気を薬などで手術せずに治す医師《いし》を内科医という。

＊2 ノンフィクション…実《じっ》際《さい》にあったことをもとにした作品。反対に、作者の想像力《そうぞうりょく》により生み出された作品を「フィクション」という。

＊3 へき地…山間地や離島《りとう》などの、交通が不便な土地のこと。ここでは、近隣《きんりん》に医療《いりょう》機関がない地域《ちいき》をさす。

このとき抱《いだ》いた夢《ゆめ》を果たすために、久留宮《くるみや》さんは外科医《げかい》とな
り、経験《けいけん》を積んで若手医師《わかていし》の教育にもあたっていた。
そんなある日。
「こうして日本社会の中でふつうに働く毎日でいいのだろう
か？」
と、ふと疑問《ぎもん》にぶつかった。
それは、あの中学生のときに見た番組を思い出したからだ。
「あの医師《いし》のようになりたいと思っていた夢《ゆめ》を、自分はかなえ
ているのだろうか？」
番組の中で、決して若《わか》くはない女性医師《じょせいいし》は、北海道《ほっかいどう》の交通の
不便な、医療《いりょう》機関もそろっていない地域《ちいき》で、吹雪《ふぶき》の中でも往診《おうしん》
に出かけたり、その地域《ちいき》の人びとの声をていねいに聞きながら
治療《ちりょう》をしていた。
（患者《かんじゃ》さん一人ひとりの病気や心身の痛《いた》みに寄《よ》り添《そ》う医療《いりょう》活動。

その姿《すがた》に感動して、「自分もそういう医師《いし》になりたい」と強く願ったのではないか。)

自問自答[*1]した結果、「もう一度初心にかえろう」と思い立った。

自分の進むべき道を探《さぐ》るためにも、医療《いりょう》機関がほとんどなかったり、紛争《ふんそう》や災害《さいがい》で医療《いりょう》機関が破壊《はかい》されてしまったりした国や地域《ちいき》へ行こう、と決心した。

こうして久留宮《くるみや》さんは、それまでの二十年間で積み上げた外《げ》科医《かい》としての経歴《けいれき》[*2]にいったん区切りをつけて、医療《いりょう》・人道援助《じんどうえんじょ》活動をしている国境《こっきょう》なき医師団《いしだん》に参加することにした。

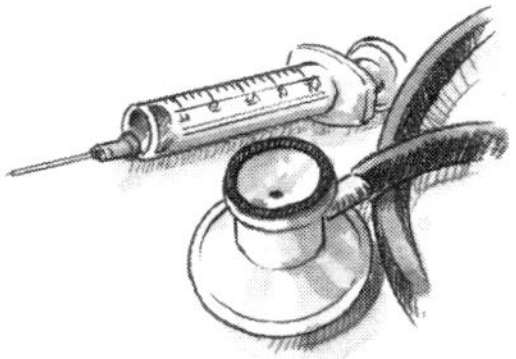

＊1　自問自答…自分で問いかけ、自分で答えること。

＊2　経歴《けいれき》…今までにしてきた事がら。りれき。

❖いよいよ開始

最初の派遣地《はけんち》は、リベリア[*1]だった。

日本の整った医療環境《いりょうかんきょう》とは何もかもがちがっていた。CT《シーティー》[*2]、MRI《エムアールアイ》[*3]などの画像診断《がぞうしんだん》やレントゲン[*4]の設備《せつび》はなく、患《かん》[*5]部《ぶ》を皮膚《ひふ》の上から触《さわ》る触診《しょくしん》などによって、手術《しゅじゅつ》するかどうかの判断《はんだん》もしなくてはならない。

判断を誤《あやま》ってしまうリスク[*6]も増《ふ》えるし、毎回が真剣《しんけん》勝負の日びであった。

それでも、患者《かんじゃ》一人ひとりの命と真剣《しんけん》に向き合って、無我夢中《むがむちゅう》[*7]のうちに派遣《はけん》期間の三か月が過《す》ぎていった。

「ドクター[*8]、もう帰ってしまうの？」

「わたしが退院《たいいん》するときまでいてほしい。」

「もっと、ドクター・タカシから進んだ医療《いりょう》につ

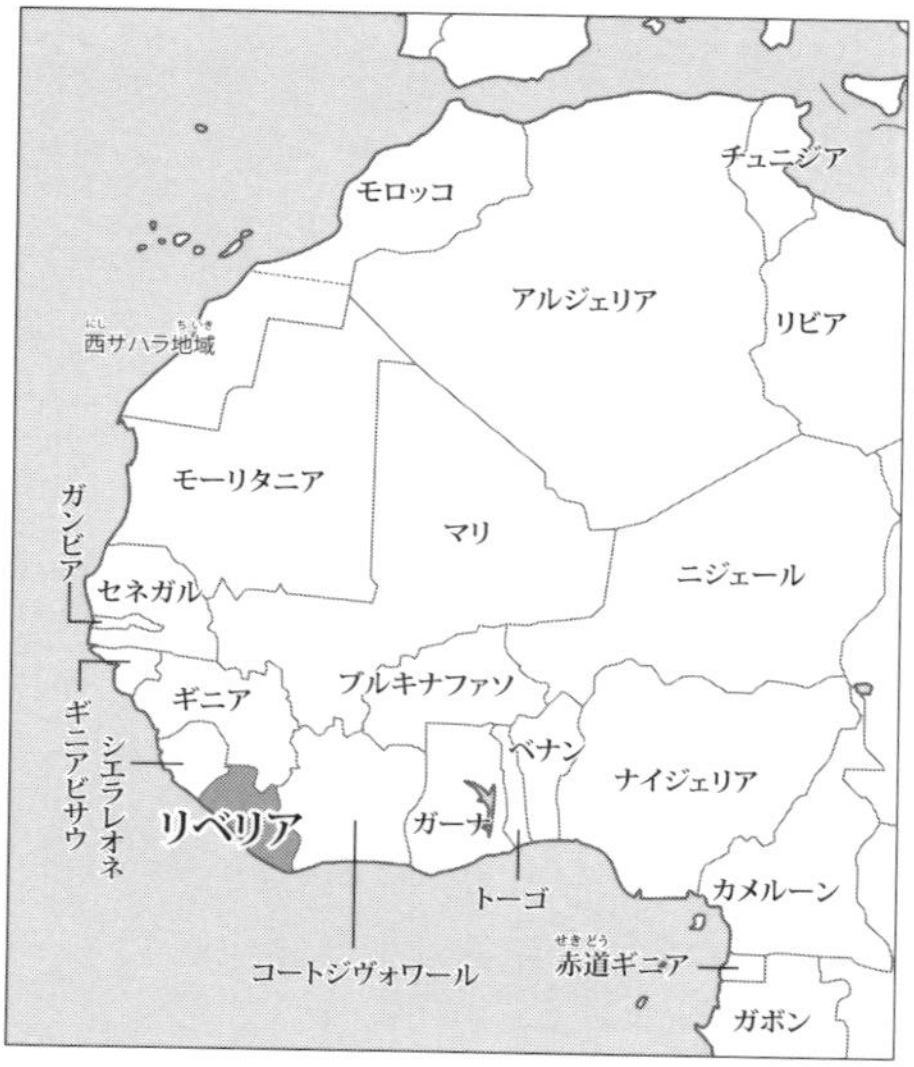

リベリアと周辺の国ぐに。

＊1 リベリア…アフリカ中西部にある国。

＊2 CT《シーティー》…体にX《エックス》線を当てて、その結果をコンピュータ処理《しょり》して画像《がぞう》を作る装置《そうち》。

＊3 MRI《エムアールアイ》…強力な磁石《じしゃく》と電磁波《でんじは》を体に当てて、その結果をコンピュータ処理《しょり》して画像《がぞう》を作る装置《そうち》。

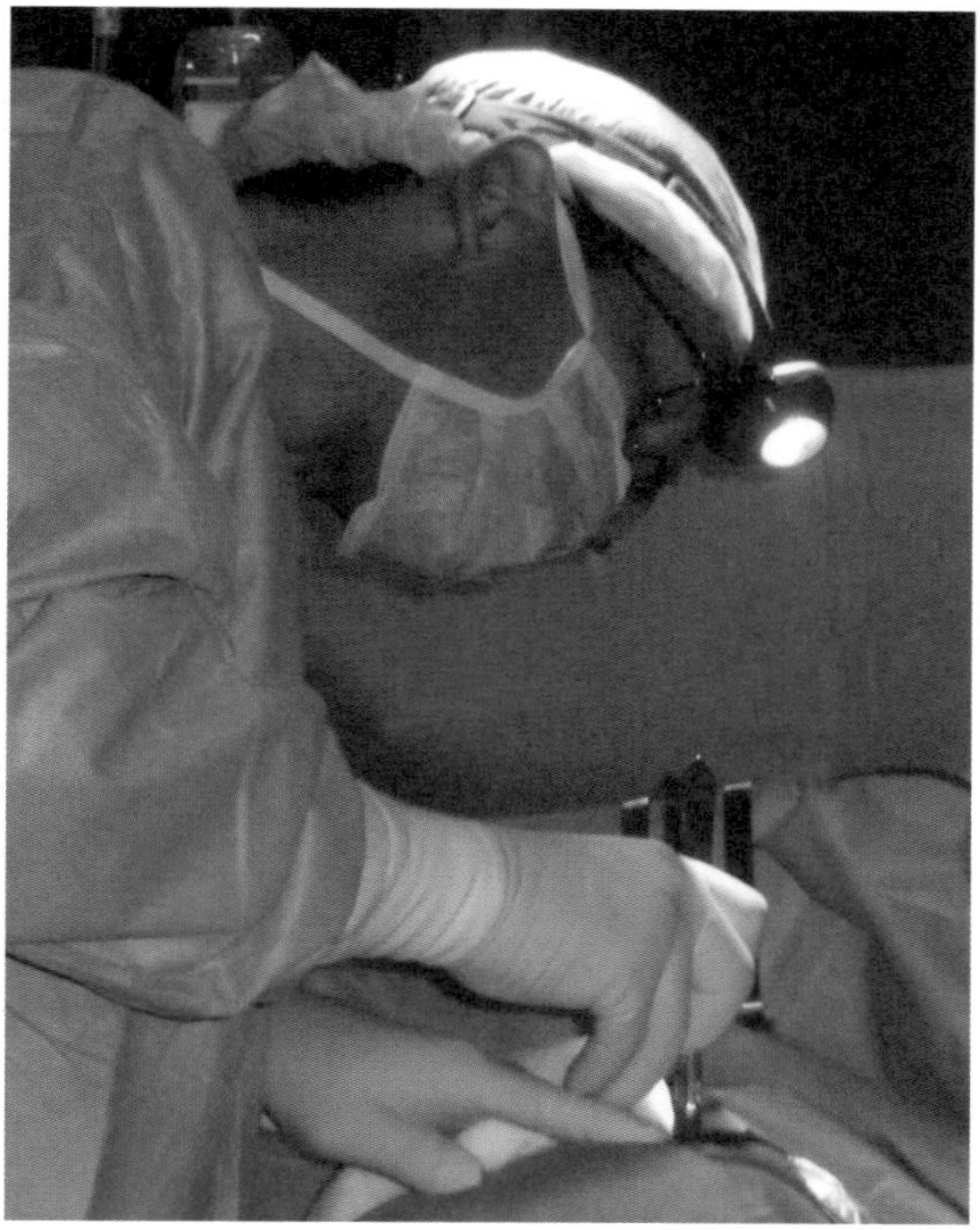

2004年、リベリアで外科手《げかしゅ》術《じゅつ》をする久留宮《くるみや》さん。

（写真：国境なき医師団）

2004年、リベリアのスタッフが書いた寄《よ》せ書《が》きのTシャツを着る久留宮《くるみや》さん。

（写真：国境なき医師団）

＊4 レントゲン…体にX《エックス》線を当てて写真を撮《と》る装置《そうち》。

＊5 患部《かんぶ》…病気や傷《きず》のある部分。

＊6 リスク…危険性《きけんせい》。

＊7 無我夢中《むがむちゅう》…自分を忘《わす》れるほど熱中すること。

＊8 ドクター…医師《いし》のこと。

いて教わりたかった。」

帰国するとき、患者《かんじゃ》や現地《げんち》のスタッフから言われたが、国境《こっきょう》なき医師団《いしだん》では、外国人のスタッフがずっと同じ場所で活動するわけではない。

今まで関わっている患者《かんじゃ》を置いていくことへの心残りは強く、「これで終われない」という気持ちでいっぱいだった。

帰国後は、勤《つと》めていた病院で外科医《げかい》としての職務《しょくむ》に戻《もど》った。

仕事に追われる日びが続き、なかなか国境《こっきょう》なき医師団《いしだん》の活動再開《さいかい》を果たせない。

(ああ、早くまた助けを待っている人の所に行きたい！)

しかし、今の仕事を勝手に放り出すことはできない。

もやもや*1した日びが続いた。

派遣《はけん》期間以外は、日本で勤務《きんむ》して収入《しゅうにゅう》を得《え》なければならない。

(だけど、どうしても、国境《こっきょう》なき医師団《いしだん》で活動がしたい！)

＊1 もやもや…すっきりしないで、いやな感じが残っている様子。
＊2 スリランカ…インドの南東にある島国。
＊3 イエメン…アラビア半島南部にある国。
＊4 東日本大震災《ひがしにほんだいしんさい》…二〇一一年三月十一日に発生した、東北地方太平洋沖《たいへいようおき》を震源《しんげん》とする地震《じしん》による災害《さいがい》。
＊5 パキスタン…13ページ参照。

その願いを持ち続けていると、年に数か月の派遣《はけん》を認《みと》めてくれる病院が見つかり、新しい病院で働くことになった。

❖経験《けいけん》って大事だね

派遣《はけん》を認《みと》めてくれた病院のおかげで、ナイジェリア、スリランカ[2]、イエメン[3]、日本（二〇一一年、東日本大震災《ひがしにほんだいしんさい》[4]）、パキスタン[5]、ナイジェリア、シリア[6]、中央《ちゅうおう》アフリカ共和国《きょうわこく》[7]、ネパール[8]、コンゴ民主共和国《みんしゅきょうわこく》[9]、日本（二〇一六年、熊本地震《くまもとじしん》[10]）、イエメン、スリランカ、カメルーン[11]、ウクライナ[12]の順で派遣《はけん》され、活動することができた。

こうして数かずの経験《けいけん》を積むことで、設備《せつび》が整っていなくてもできる、よりよい治療法《ちりょうほう》を見つけていった。

例えば、派遣《はけん》当初は、骨折《こっせつ》の治療《ちりょう》はギプス[13]固定が中心であったが、慣《な》れるにつれて、固定術《こていじゅつ》という手術《しゅじゅつ》による外科的治療《げかてきちりょう》を

＊6 シリア…西アジア西部にある国。

＊7 中央アフリカ共和国《きょうわこく》…アフリカ中央部にある国。

＊8 ネパール…インドの北東に接《せっ》する国。

＊9 コンゴ民主共和国《みんしゅきょうわこく》…アフリカ中部にある国。

＊10 熊本地震《くまもとじしん》…二〇一六年四月に熊本県《くまもとけん》を中心に発生した一連の地震《じしん》。

＊11 カメルーン…アフリカ中西部にある国。

＊12 ウクライナ…東ヨーロッパにある国。39ページ地図参照。

＊13 ギプス…けがをした患《かん》部《ぶ》を固定するもののこと。昔は石膏《せっこう》で固めて固定していたが、最近はプラスチックやグラスファイバーという素材《そざい》でできたギプスが主流。

行うようになった。

このほうが、＊1整復《せいふく》がきちんとできて治りも早いのだ。

ほかの例としては、皮膚《ひふ》がやけどやけがで失われた場合、皮《ひ》膚《ふ》＊2再生《さいせい》を長時間待たなくても、皮弁手術《ひべんしゅじゅつ》（皮膚《ひふ》の移植《いしょく》などの手《しゅ》術《じゅつ》）を行って、＊3術後《じゅつご》すぐに治療《ちりょう》しやすいようにした。

また、＊4血流の悪くなった手足を切断《せつだん》するのではなく、少しでも＊5温存《おんぞん》できるように血管をつなぐ手術《しゅじゅつ》をしたことも、経験《けいけん》を積んだからこそ判断《はんだん》できたといえる。

紛争《ふんそう》や災害地《さいがいち》では、＊6一刻《いっこく》を争う緊急処置《きんきゅうしょち》が必要となるので、よりよい治療法《ちりょうほう》を選択《せんたく》することがとても大切になるのだ。

＊1 整復《せいふく》…骨折《こっせつ》や脱臼《だっきゅう》でずれた骨《ほね》を正常《せいじょう》な位置に戻《もど》すこと。

＊2 再生《さいせい》…失われた体の一部分がまたできること。

＊3 術後《じゅつご》…手術《しゅじゅつ》したあと。

＊4 血流…血液《けつえき》の流れ。

＊5 温存《おんぞん》…のこすこと。

＊6 一刻《いっこく》を争う…わずかな時間もむだにできない、急を要すること。

イエメンでの活動中、スタッフと話す久留宮《くるみや》さん（中央）。

（写真：国境なき医師団）

❖ウクライナでの活動

二〇二二年二月二十四日、ウクライナとロシアの間の紛争《ふんそう》が激化《げきか》[*1]した。

久留宮《くるみや》さんは、自ら希望し、二〇二三年四月から五月までウクライナへ派遣《はけん》された。

ウクライナ保健省《ほけんしょう》[*2]が運営《うんえい》する病院の一階で国境《こっきょう》なき医師団《いしだん》は活動したので、画像診断《がぞうしんだん》などある程度《ていど》の設備《せつび》は確保《かくほ》されていた。

しかし、激戦地《げきせんち》での医療《いりょう》活動は困難《こんなん》を強《し》いられた[*3]。運びこまれる患者《かんじゃ》のほとんどが、「爆撃《ばくげき》[*4]による負傷《ふしょう》」だ。

見た目は二センチほどの傷《きず》でも、お腹《なか》を開いてみると、破片《はへん》が飛び散り、腸《ちょう》が破《やぶ》れていたこともあった。爆撃《ばくげき》の傷《きず》は破片《はへん》があちこちに飛び散るので、注意深く見てみないと容体《ようだい》[*5]が悪化することがある。

久留宮《くるみや》さんたち医療《いりょう》スタッフは、細心の注意をはらい、患者《かんじゃ》

---

*1 激化《げきか》…はげしくなること。

*2 保健省《ほけんしょう》…医療《いりょう》や保健《ほけん》、衛生《えいせい》などを管轄《かんかつ》する省庁《しょうちょう》。日本の厚生労働省《こうせいろうどうしょう》にあたる。

*3 強《し》いられる…むりにさせられる。

*4 爆撃《ばくげき》…爆弾《ばくだん》などを使った攻撃《こうげき》。

*5 容体《ようだい》…病気の様子。病状《びょうじょう》。

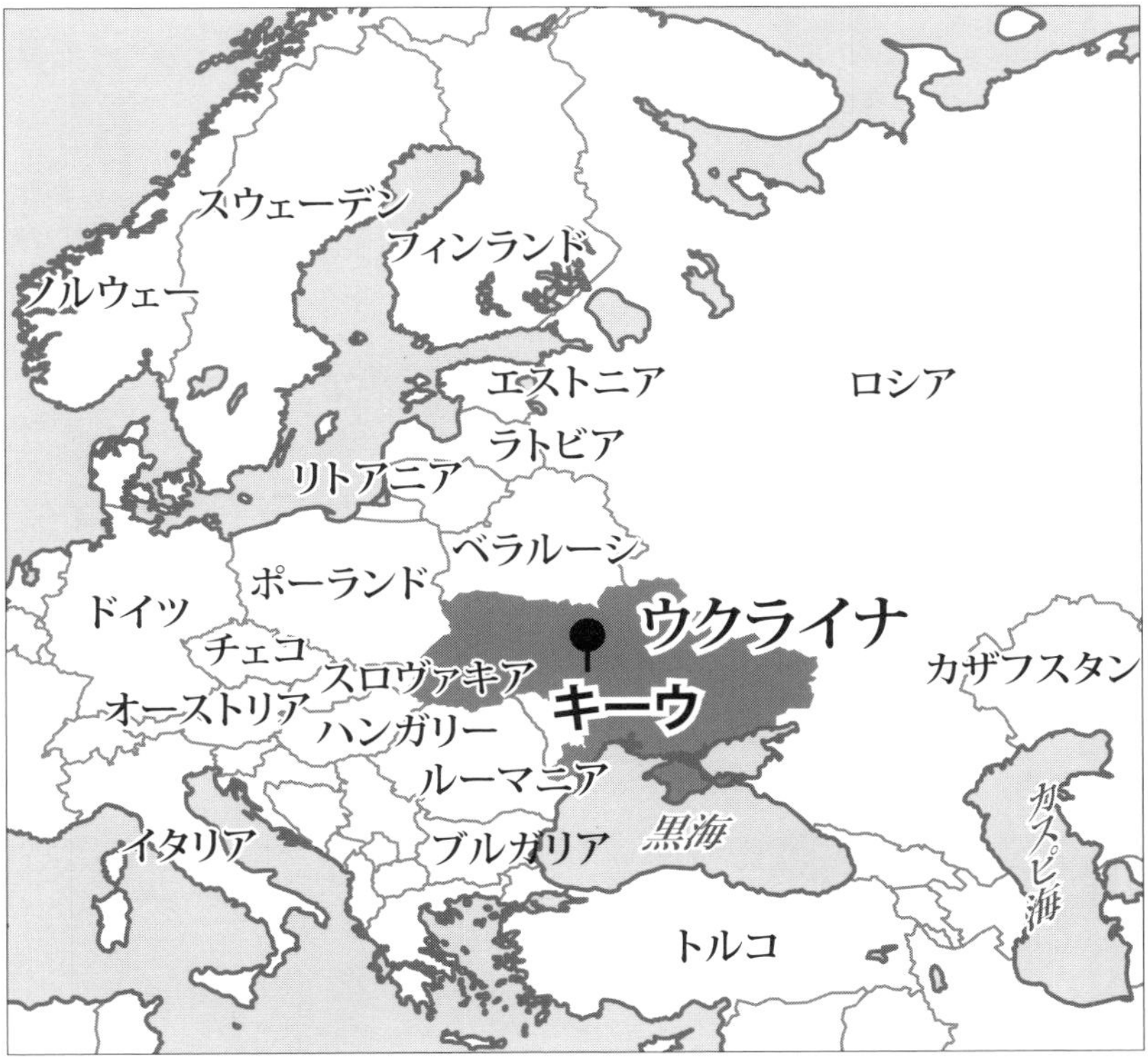

ウクライナと周辺の国ぐに。

の傷《きず》と向き合った。

死と隣《とな》り合《あ》わせで日び暮《く》らしている人びとの姿《すがた》にも、心を痛《いた》めることが数多くあった。

「ドクター、私《わたし》たちだって逃《に》げ出《だ》したい。死にたくないよ。だけど、行く所も、お金もないんだ。」

「ここで働いて暮《く》らしていくしかないんだよ。もう仕事もないけど、しかたがないんだ。」

お金がある人は、比較的危険《ひかくてききけん》の少ない西の地域《ちいき》や安全な国へと避難《ひなん》できる。

けれども、はげしい戦いがくり広げられる東側の地域《ちいき》にとどまらなければならない人びとも大勢《おおぜい》いる。それは、避難《ひなん》するためのお金もなく、ここで生きていくしかないからだ。

戦争が始まるまでは、ささやかでも温かい家庭を築《きず》き、そこで働いてきた人びと。そういう人びとが、爆撃《ばくげき》を受け、負傷《ふしょう》し

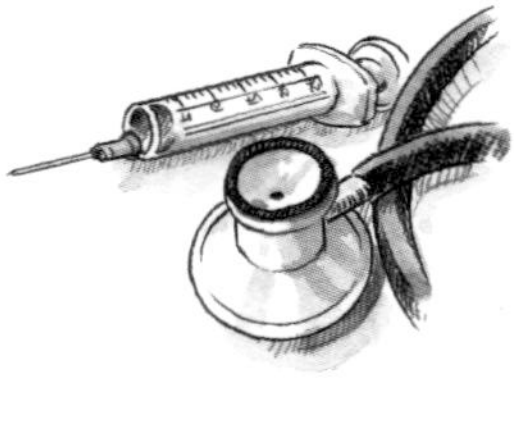

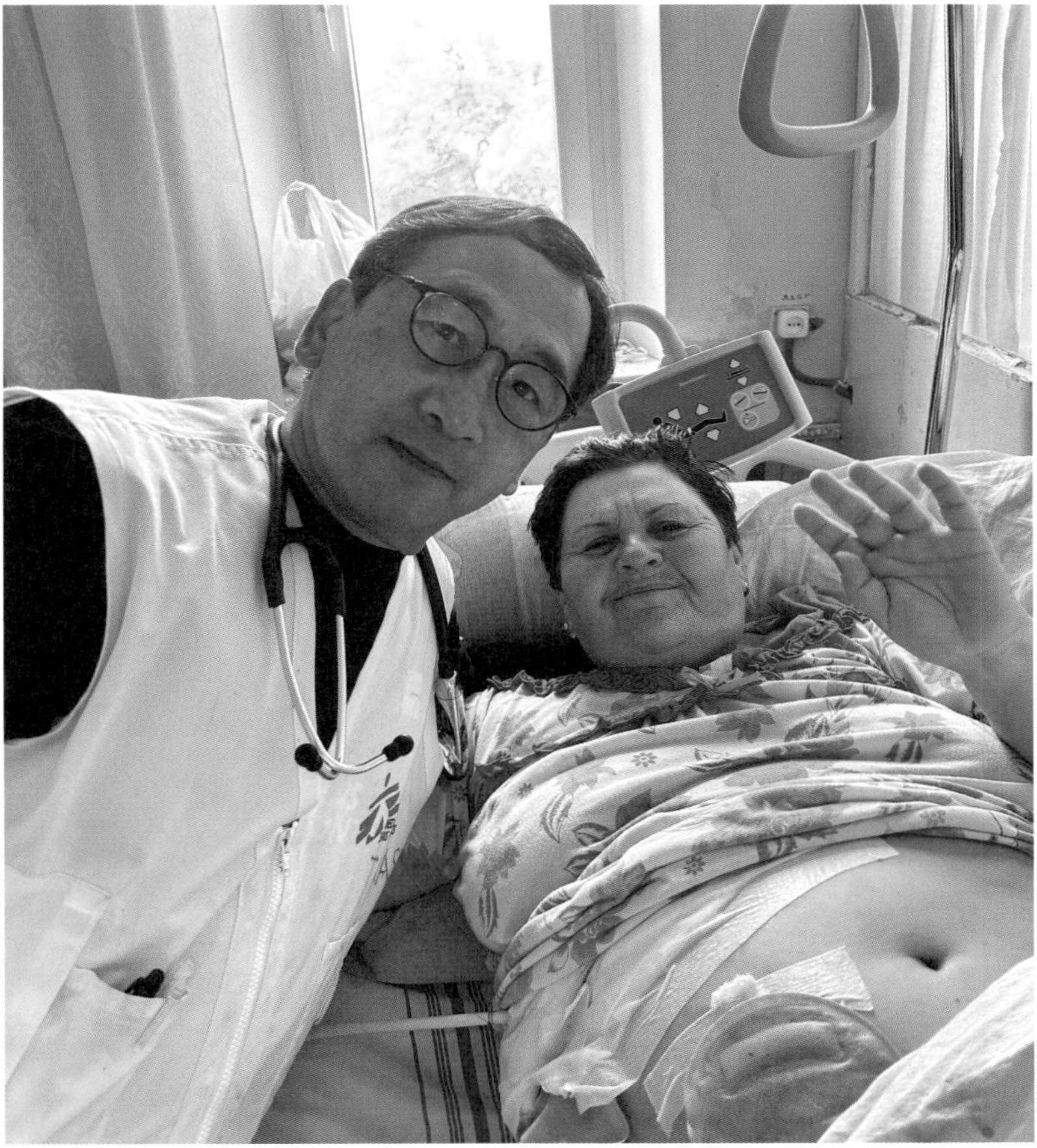

2023年、ウクライナの爆撃《ばくげき》で負傷《ふしょう》した患者《かんじゃ》（右）と久留宮《くるみや》さん。

（写真：国境なき医師団）

たり命を落としたりしている。
＊1報道《ほうどう》では、ロシア軍対ウクライナ軍の戦闘《せんとう》ばかりが取り上げられているが、久留宮《くるみや》さんは＊2切《せつ》に願うことがある。
「＊3戦禍《せんか》のただ＊4中でも、生きるために、その地で生活している人びと、家族がいることを、日本や世界中の人たちにわかってほしい。」

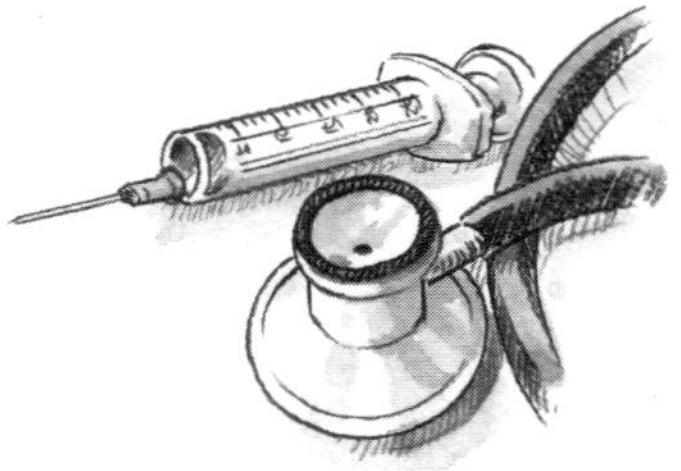

＊1 報道《ほうどう》…新聞やラジオ、テレビなどをとおして、社会の出来事などを広く知らせること。
＊2 切《せつ》に…心から。
＊3 戦禍《せんか》…戦争による被害《ひがい》やわざわい。
＊4 ただ中…まっ最中。

2023年、ウクライナで活動する国境《こっきょう》なき医師団《いしだん》のメンバー。しゃがんでいるのが久留宮《くるみや》さん。

（写真：国境なき医師団）

❖忘《わす》れられない手紙

リベリア派遣《はけん》から二十年近くも国境《こっきょう》なき医師団《いしだん》の活動を続けている久留宮《くるみや》さんには、忘《わす》れられない出来事がいくつもある。

その一つは、リベリアで出会った少年の家族から、手紙がとどいたことだ。

リベリアで医療《いりょう》活動をしていたある日。八歳《さい》のジミー君が*1脳《のう》内《ない》出血で運ばれてきた。

外見では傷《きず》一つないが、意識《いしき》はなく、検査《けんさ》してみると、*2頭蓋《とうがい》内出血で*3脳《のう》ヘルニアを起こしかけていて、きわめて危険《きけん》な状態《じょうたい》だった。

治療《ちりょう》としては、頭を開く手術《しゅじゅつ》しか方法はないのだが、かなり難《むずか》しい。*4消化器専門医《せんもんい》の久留宮《くるみや》さんには、頭の手術《しゅじゅつ》の経験《けいけん》はほとんどなく、また頭を開く道具も、ここリベリアには整っていないのだ。

---

*1 脳内《のうない》出血…脳《のう》の血管が破《やぶ》れて、脳《のう》の中に血液《けつえき》が流れ出る状態《じょうたい》。

*2 頭蓋《とうがい》内出血…脳《のう》の内部、あるいは脳《のう》と頭蓋骨《とうがいこつ》の間に血液《けつえき》がたまった状態《じょうたい》。

*3 脳《のう》ヘルニア…脳内《のうない》での出血や腫《は》れにより、脳《のう》が圧迫《あっぱく》されて脳組織《のうそしき》の一部が本来あるべき場所から押《お》し出されること。

*4 消化器…食道や胃《い》、十《じゅう》二《に》指腸《しちょう》などの、食べ物を消化する器官。

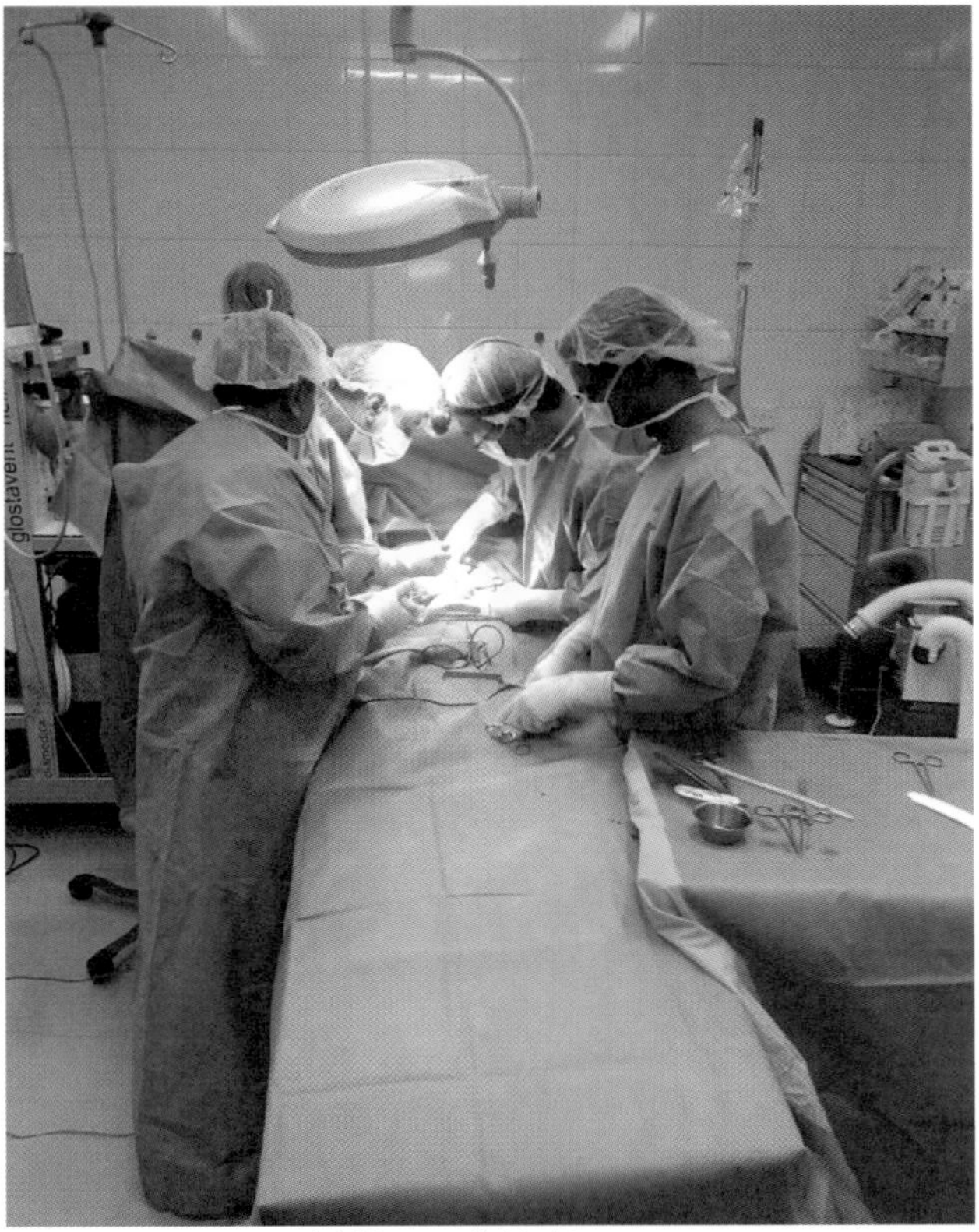

2018年、イエメンでの久留宮《くるみや》さんの外科手術《げかしゅじゅつ》の様子。

(2点とも写真:国境なき医師団)

ジミー君の家族から久留宮《くるみや》さんにとどいた手紙と写真。

久留宮《くるみや》さんは、ジミー君の両親に正直に話した。

「ジミー君が助かる見込《みこ》みは、非常《ひじょう》に少ないのです。頭を開く手術《しゅじゅつ》しか方法はないけれど、私《わたし》はその手術《しゅじゅつ》の経験《けいけん》が少なく、たとえ運よく手術《しゅじゅつ》が成功しても、脳《のう》に障《しょう》がいが残ることもあります。」

すると、説明を真剣《しんけん》に聞いた両親は、すがるような目で、こう言ってきたのだ。

「この子が助かる可能性《かのうせい》が少しでもあるのなら、ドクター、どうか手術《しゅじゅつ》をしてください。もし、一生寝《ね》たきり[*1]になったとしても、私《わたし》たちは必ず責任《せきにん》もって面倒《めんどう》をみていく！お願い、ドクター、手術《しゅじゅつ》をしておくれ！」

その一生懸命《いっしょうけんめい》にたのみこむ姿《すがた》に、久留宮《くるみや》さんの心は揺《ゆ》り動《うご》かされた。

＊1 寝《ね》たきり…長期間にわたって、一日の大半をベッドの上で過《す》ごし、起き上がれない状態《じょうたい》。

（なんとしても、ジミー君を助けたい。）

その思いで、難《むずか》しい手術《しゅじゅつ》にいどんだ。

それは減圧開頭手術《げんあつかいとうしゅじゅつ》。頭を開いて、頭蓋骨《とうがいこつ》を取り出し、脳《のう》にかかる圧力《あつりょく》を逃《に》がして、脳《のう》ヘルニアが起こることを止めなくてはならない。

日本とちがって、手術《しゅじゅつ》に必要な器具がそろっていない中、自分にできることを必死で考えた。

役に立ちそうな器具をかき集めて、

「ジミー君、がんばれ！」

と心の中で呼《よ》びかけながら、できる限《かぎ》りの手術《しゅじゅつ》をした。

手術《しゅじゅつ》から、一週間後。

「ドクター、ジミーの指が動いた！」

ジミー君のお母さんが、久留宮《くるみや》さんの所へかけてきた。

意識《いしき》が戻《もど》ったジミー君のことを、誰《だれ》よりも先に久留宮《くるみや》さんに知らせにきたのだ。

手術《しゅじゅつ》は成功した。

その後、ジミー君はみるみるよくなっていった。

久留宮《くるみや》さんが、日本に帰国するころには歩けるようになり、おいしそうに食事をとれるようになった。

「ジミー君、本当によかった！」

わずかな可能性《かのうせい》でも、あきらめたらその可能性《かのうせい》すらなくなってしまう。

どんな状況下《じょうきょうか》であっても、そのときできる最善《さいぜん》をつくすことが大切なのだ。

久留宮《くるみや》さんは、ジミー君親子にそう教えられた。

半年後、久留宮《くるみや》さんが二回目の海外派遣《はけん》（二〇〇四年十～十二月、シエラレオネ）を終えて、日本の病院で働いていたときのこと。

国境《こっきょう》なき医師団《いしだん》で、リベリアで活動していたオーストラリア[*1]人のスタッフを通して、ジミー君の父親から手紙が送られてきた。

そこには、こうつづられていた。

「『ぼくを手術《しゅじゅつ》して助けてくれたドクター・クルミヤはどこにいるの？　元気にしてくれてありがとう！　ぼく、そのことを言いたいんだ。』と毎日言っている。」と。

手紙とともに、少し大きくなったジミー君の写真も、同封《どうふう》されていた。

外科医《げかい》になってよかった、と思えた瞬間《しゅんかん》でもある。

＊1 オーストラリア…太平《たいへい》洋《よう》とインド洋の間にあるオーストラリア大陸にある国。

❖スタッフみんなで助ける命

もう一つの忘《わす》れられない出来事は、現地《げんち》スタッフの教育を担《たん》当《とう》して、パキスタンの医師たちに手術《しゅじゅつ》のテクニックを教えていたときのことだ。

外傷性肝損傷《がいしょうせいかんそんしょう》*2の患者《かんじゃ》のための、難《むずか》しい手術《しゅじゅつ》をすることになった。かなりリスクの高い、パキスタン国内ではまず試されることのない大手術《だいしゅじゅつ》となる。

「この患者《かんじゃ》の命を、みんなで助けよう！」

事前に手術《しゅじゅつ》スタッフ全員で、失敗しないようにシミュレーショ*3ンを何度もくり返した。

「よし、この手順でいけば、必ず成功する」

シミュレーションをくり返したおかげで、肝臓《かんぞう》を半分以上も切除《せつじょ》する大手術《だいしゅじゅつ》を見事成功させた。

「やったー！」

---

*2 外傷性肝損傷《がいしょうせいかんそんしょう》…自動車事故《じこ》などで、体外からの力によって肝臓《かんぞう》が損傷《そんしょう》した状態《じょうたい》。

*3 シミュレーション…実《じっ》際《さい》と似《に》た状況《じょうきょう》を作り、実験すること。

心を一つにしてやりとげた喜《よろこ》びはひとしお[*1]。スタッフみんなで喜《よろこ》び合ったことは忘《わす》れられない。

どんなに困難《こんなん》なケース[*2]でも、同じチームの仲間とともに協力し合い、心を合わせてやりとげたとき、喜《よろこ》びとともに、その経《けい》験《けん》が宝物《たからもの》となる。

そして、さらに「医療《いりょう》を受けられず、助けを必要としている人のためになりたい」と思えてしかたなくなる。

それらは、国境《こっきょう》なき医師団《いしだん》で活動する醍醐味《だいごみ》[*3]でもあるのだろう。

❖子どもたちに伝えたいこと

久留宮《くるみや》さんが、日本の子どもたちに伝えたいことは、「何かをやってみたいと思ったら、その気持ちをあきらめないで、持ち続けること」。

やりたいことは、何度でもチャレンジ[*4]してほしい。

---

*1 ひとしお…いちだんと。いっそう。

*2 ケース…場合。状況《じょうきょう》。

*3 醍醐味《だいごみ》…物事の本当のおもしろさ。深い味わい。

*4 チャレンジ…挑戦《ちょうせん》。

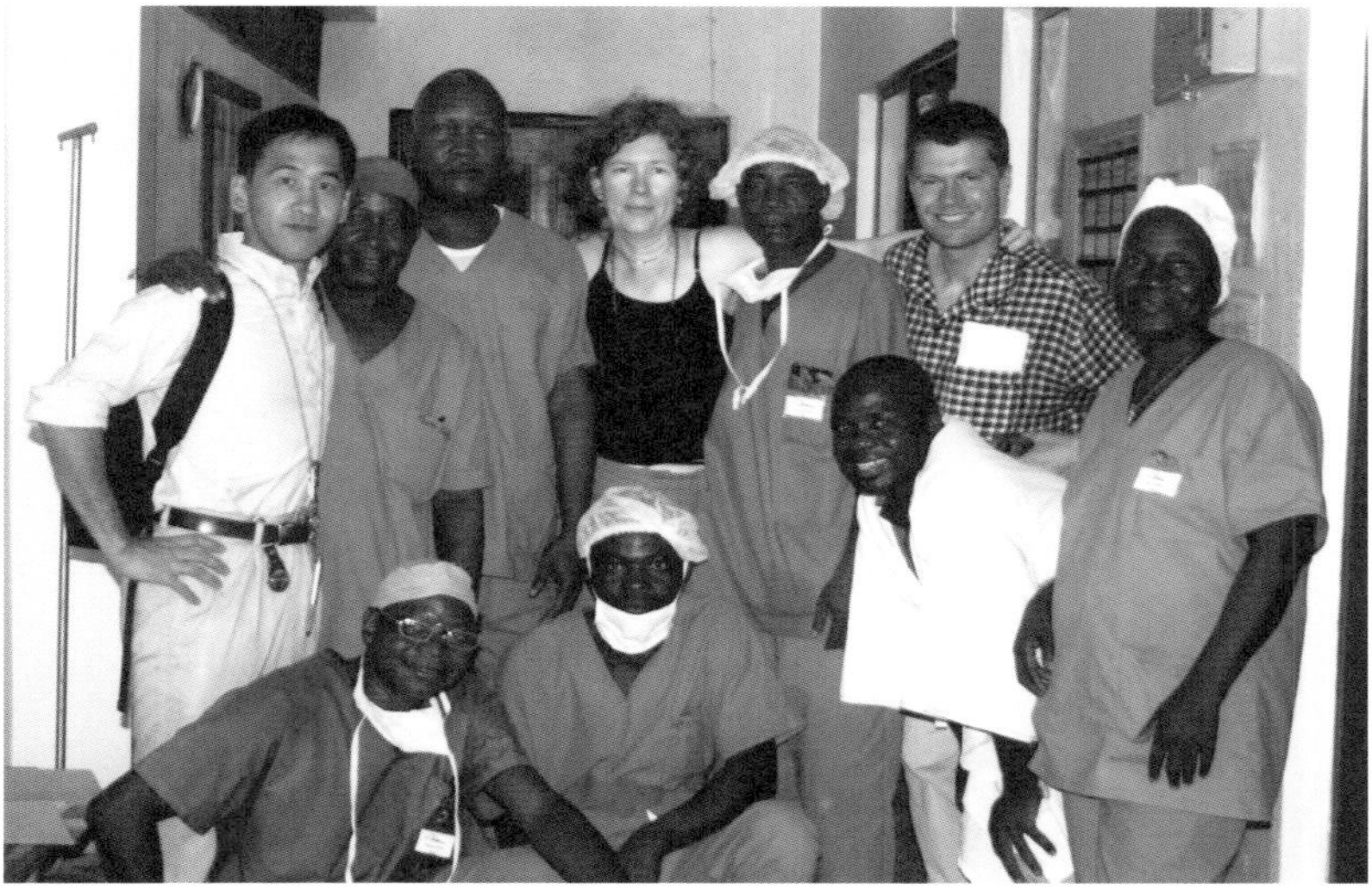

2004年、リベリアでの久留宮《くるみや》さん（左）と現地《げんち》スタッフ。

2018年、イエメンでの久留《くる》宮《みや》さん（右）と現地《げんち》スタッフ。
（2点とも写真：国境なき医師団）

自分の体験からはっきりわかるのは、夢《ゆめ》が実現《じつげん》するかどうかは、初めの気持ちを持ち続けられるかどうかにかかっているということ。

久留宮《くるみや》さんは、中学校の時のあの気持ちを忘《わす》れずに、あきらめないでチャレンジしてきた。

だからこそ、「もう人生に迷《まよ》うことはない」と、今きっぱり[*1]と思う。

これからも助けを必要としている人びとのもとに向かおう。

＊1 きっぱり…はっきりと決める様子。

第三章 ロジスティシャンとして命と向き合う

～丸井《まるい》和子《かずこ》さん

❖じょうぶな体をつくること

国境《こっきょう》なき医師団《いしだん》（ＭＳＦ《エムエスエフ》）の活動をする前は、教育関係の仕事をしていた丸井《まるい》和子《かずこ》さんは、あるとき、世界の教育事情《じじょう》を知り、深く考えさせられた。

「学びたくても、貧困《ひんこん》や教師《きょうし》がいないなどさまざまな理由で教育を受けられない子どもがたくさんいることを知りました。そういう子どもたちに、教育を提供《ていきょう》する活動に取り組みたいと、青年海外協力隊[*1]に参加しました。」

＊1 青年海外協力隊…国際《こくさい》協力機構《きょうりょくきこう》（ＪＩＣＡ《ジャイカ》）の事業の一つ。開発途上国《とじょうこく》に派遣《はけん》するボランティアで、農業や看護《かんご》など多くの分野がある。

そう話す丸井《まるい》さんには、その活動を通して、さらに気づかされたことがあった。

子どもたちが学校に来て学ぶためには、まず健康でなければならない。必要なのは、「じょうぶな体」だ。

そのためには「医療機関《いりょうきかん》」が必要なのに、それすらもない地《ち》域《いき》がたくさんある。

そういう地域《ちいき》にかけつけて医療《いりょう》を提《てい》供《きょう》する活動をしている「国境《こっきょう》なき医師《いし》団《だん》」には、医師《いし》や看護師《かんごし》などの医療職《いりょうしょく》以外でも働く機会があることを知り、参加を志願《しがん》した。

こうして、丸井《まるい》さんは、[*1]ロジスティシャンとして活動を開始した。

2022年、[*2]ハイチで活動中の丸井《まるい》さん。

（写真：国境なき医師団）

＊1 ロジスティシャン…17ページ参照。

＊2 ハイチ…中央アメリカの東にある、カリブ海にある島国。

❖ロジスティシャンの仕事

「ロジスティシャン」は、援助《えんじょ》活動に必要な物資《ぶっし》の調達・インフラ[*3]整備《せいび》（水や電気の確保《かくほ》など生活の基盤《きばん》[*4]となる設備《せつび》を整えること）・安全管理など、サポート[*5]全般《ぜんぱん》が仕事である。

具体的には次のような仕事をしている。

①発電機の設置《せっち》

活動地には、公共の電気がない場所が多いので、適切《てきせつ》な場所を選んで発電機を設置《せっち》しなければならない。

電気がなければ、治療《ちりょう》などに支障《ししょう》をきたすので、とても大事な作業である。

まず、発電機を置ける場所を探《さが》して設置《せっち》するのだが、病棟《びょうとう》の近くを避《さ》け、患者《かんじゃ》さんやその家族が誤《あやま》って入らない場所を選ぶ。修理《しゅうり》や整備《せいび》を行うスタッフが炎天下《えんてんか》[*6]にさらされないように、屋根を取りつけるなどの工夫も必要だ。現地《げんち》のスタッフとも相談

＊3 インフラ…インフラストラクチャーの略《りゃく》。

＊4 基盤《きばん》…物事を成立させるための基礎《きそ》となるもの。

＊5 サポート…10ページ参照。

＊6 炎天下《えんてんか》…燃《も》えるように暑い夏の空の下。

して、きちんと設置《せっち》する。

事故《じこ》や不具合を避《さ》けるため、配線・配電も正しく行わなければならない。初めて活動した南スーダンでは、電気の専門技術《せんもんぎじゅつ》を持つスタッフから、たくさんのことを習得《しゅうとく》した。

この発電機を動かすための、燃料《ねんりょう》調達の手配も丸井《まるい》さんたちロジスティシャンの仕事である。

②水の確保《かくほ》

すでにある井戸《いど》や新しく掘《ほ》った井戸《いど》から、水をくみ上げ、病院内に配水する設備《せつび》を整えなければならない。

水は、治療《ちりょう》にも使用するため、とにかく清潔《せいけつ》でなければならない。そのために、水質検査《すいしつけんさ》なども欠かせない。

万が一に備《そな》えて、病院内では複数《ふくすう》の井戸や、数日分の水をためるタンクをキープ*1している。

井戸《いど》*2がかれたり、水をくみあげるポンプが故障《こしょう》したりした場

*1 キープ…確保《かくほ》。
*2 井戸《いど》がかれる…井戸《いど》の水がなくなること。

合には、このタンクにためた水を利用している間に、修理《しゅうり》や給水車[*3]の手配を行う。

水がなければ、医療《いりょう》活動が困難《こんなん》になる。問題がうまく解決《かいけつ》できたときには、心の底からほっとする。

③医療《いりょう》機器などのメンテナンス[*4]

医療《いりょう》活動で使用する機器がこわれないように、定期的に部品を交換《こうかん》したり、修理《しゅうり》したりもしている。

薬剤《やくざい》の倉庫《そうこ》にある、ワクチン[*5]や薬を保存《ほぞん》するための冷蔵庫《れいぞうこ》の温度を、常《つね》に適切《てきせつ》に保《たも》つことも必要だ。

④チーム内の連絡手段《れんらくしゅだん》の確保《かくほ》・非常時《ひじょうじ》の安全管理

チームメンバーとの連絡《れんらく》には、無線[*6]や携帯《けいたい》電話を利用する。

また、非常時《ひじょうじ》にはどんな方法で連絡《れんらく》を取り合うか、退避《たいひ》するかなどを、事前にシミュレーションしておく。

＊3　給水車…飲料水や生活用水を供給《きょうきゅう》するための自動車。

＊4　メンテナンス…機械などの状態《じょうたい》を正常《せいじょう》に保《たも》つために行われる、保守《ほしゅ》・点検《てん》《けん》作業。

＊5　ワクチン…13ページ参照。

＊6　無線…電線を使わず、電波や光などを使って行う通信。

2020年、ナイジェリアでの活動。子どもも手洗《てあら》いしやすいように、病院の入り口に子ども用の手洗《てあら》い場《ば》をつくった。

ナイジェリアに設置《せっち》した、テントの入院病棟《びょうとう》。（2019 年現在《げんざい》）

現地《げんち》の昼食。現地《げんち》の食事を食べてみることは、活動中の楽しみの一つだ。

ハイチで海外派遣《はけん》スタッフに提供《ていきょう》された貝のカレー。

（60 ～ 61 ページの写真：国境なき医師団）

⑥食料の調達

患者《かんじゃ》にとってもスタッフにとっても、食料の調達はとても大事なことだ。

入院患者《かんじゃ》の食事を用意するため、現地《げんち》の調理師《ちょうりし》*1をやとったり、地元の大衆食堂《たいしゅうしょくどう》と契約《けいやく》することもある。

メニューに関しても、栄養や量が十分かどうか、医療《いりょう》スタッフにチェックを依頼《いらい》して、患者《かんじゃ》一人ひとりの健康管理にも気を配る。

このように、ロジスティシャンの仕事は多岐《たき》*2にわたるため、丸井《まるい》さんは、さまざまな技術《ぎじゅつ》を学び続けている。

また、英語で活動する地域《ちいき》のほか、フランス語で活動する地《ち》域《いき》で働くために、フランス語も身につけた。

自分がやりたい仕事のために学び、それを生かせてチームの活動に役立っていることが、なによりうれしい。

＊1 調理師《ちょうりし》…調理や栄養、衛生《えいせい》など、食品に関する知識《ちしき》を持ち、安全な料理を作る人。

＊2 多岐《たき》にわたる…10ページ参照。

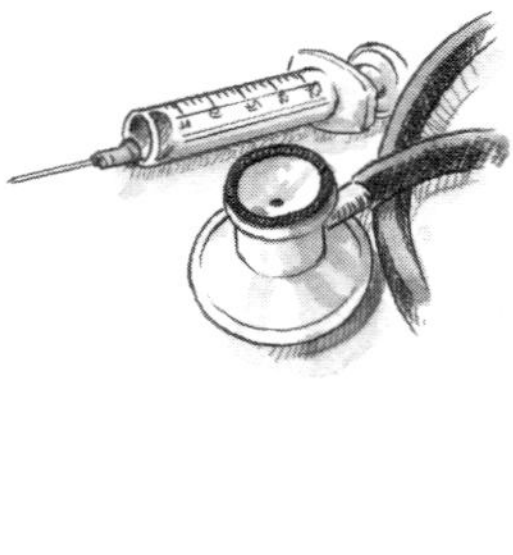

❖ふつうの生活を

スーダン[*3]で、朝、仕事場に到着《とうちゃく》したときのことだ。

「今日は外の様子がいつもとちがう。何かが起きているぞ。」

朝のあいさつをしようとしたとき、現地《げんち》スタッフがこう言った。

国境《こっきょう》なき医師団《いしだん》が活動する地域《ちいき》では、急に争いがおきたり、日常《にちじょう》生活が一変したりすることがある。

スーダンでは、この日突然《とつぜん》クーデター[*4]が起き、町中の道路で車のタイヤが燃《も》やされたりした。

そんな不安定な中でも、人びとには生活があり、生きていかなければならない。

そして国境《こっきょう》なき医師団《いしだん》は、治療《ちりょう》を待つ患者《かんじゃ》のために活動を続けなければならない。しかし、空港が機能《きのう》せずに海外から受け取るはずの医薬品《いやくひん》の受け取りの見通しが立たないなど、困難《こんなん》な日びがしばらく続いた。

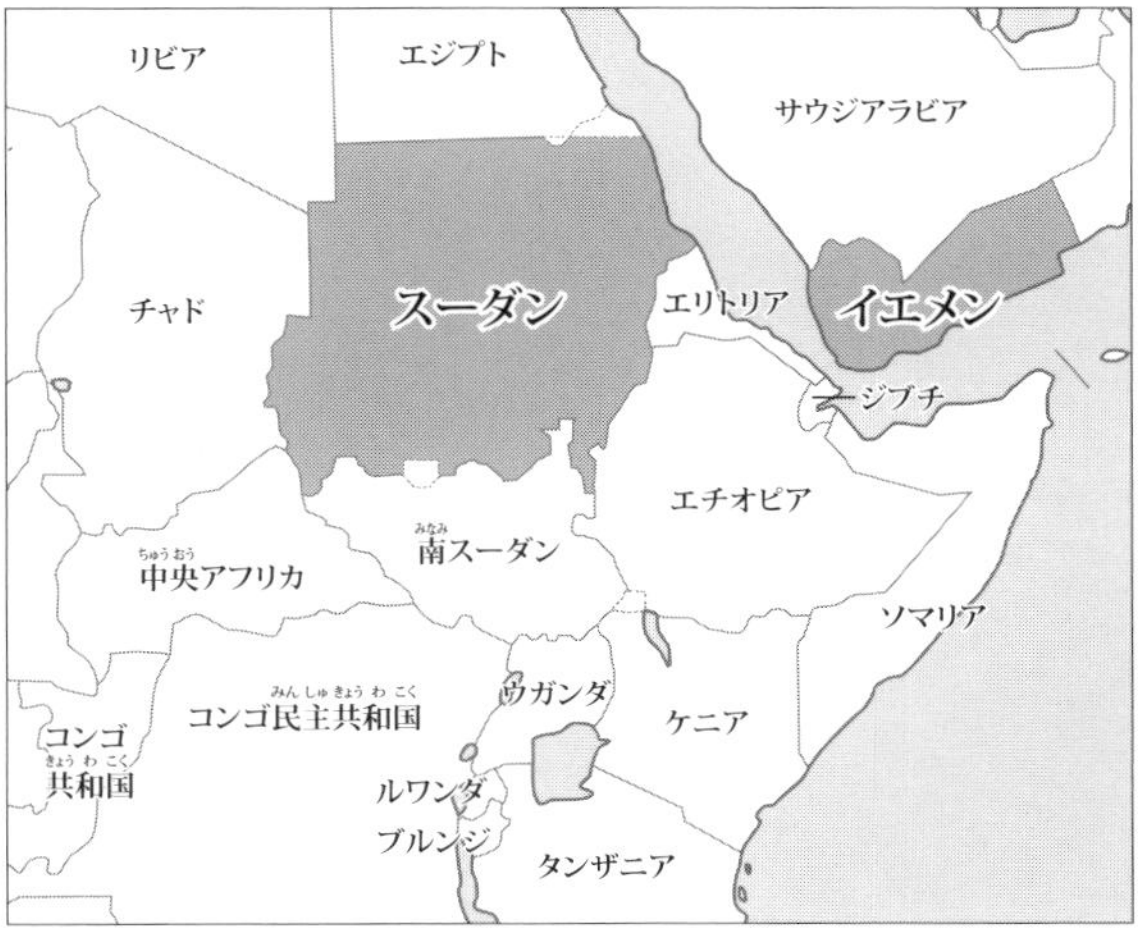

スーダン、イエメンの位置。

*3 スーダン…アフリカ北東部にある国。

*4 クーデター…軍人や政《せい》治家《じか》などが、武力《ぶりょく》で政権《せいけん》をうばうこと。

「カズコ、街の広場でコーヒーをみんなで飲むから、あなたもおいでよ。」

仕事で緊張《きんちょう》が続く中、現地《げんち》スタッフの声がけは、ほっとするひとときだ。

スーダンの人びとは、大勢《おおぜい》でコーヒーやお茶を飲んだり、食事を楽しんだりする。地域《ちいき》や家族、同僚とのつながりを大切にしているのだ。

国によっては、職場《しょくば》やレストランのような公共の場で、男性《だんせい》と女性《じょせい》が食事をともにしない文化もある。それでも、スタッフは声をかけてくれる。

「あれ、私《わたし》が入ってもだいじょうぶですか？」

「あなたの文化ではだいじょうぶでしょう？　あなたがいいならオーケーだよ。」

「じゃあ、喜《よろこ》んで。休けい時間になったら行きますね。」

＊1 スムーズ…支障《ししょう》なく進むこと。円滑《えんかつ》に。

＊2 円滑《えんかつ》…物事がすらすらと進む様子。

丸井《まるい》さんは、現地《げんち》の人びとに寄《よ》り添《そ》い、活動をスムーズ*1に行うためにも、時間が許《ゆる》せば、そういう集まりに参加することにしている。

イエメンでは、現地《げんち》の女性《じょせい》がつけるように頭にスカーフを巻《ま》いたり、黒く長い服を着たりして、現地《げんち》の人びとの暮《く》らしや文化に溶《と》けこんでいった。それが、医療《いりょう》・人道援助《じんどうえんじょ》活動を円滑《えんかつ》*2に行うことにもつながる。

ささやかな幸せを楽しむ姿《すがた》が見られると、丸井《まるい》さんはほっとするとともに、「いつまでもこの風景が続いてほしい」と思わずにはいられない。

イエメンで国境《こっきょう》なき医師団《いしだん》が支援《しえん》している病院。女性《じょせい》は頭にスカーフを巻《ま》いたり、黒く長い服を着ている。(©Jinane Saad/ 国境なき医師団)

（人びとの温かいひと時を一瞬《いっしゅん》でこわしてしまう、戦争が二度と起きませんように。）

国境《こっきょう》なき医師団《いしだん》の活動を始めてから、丸井《まるい》さんはこう願い続けている。

❖チームワークの大切さ

ナイジェリアでの活動中に、[*1]新型《しんがた》コロナウイルス感染症《かんせんしょう》が流行して、活動している町が四十八時間以内にロックダウン[*2]されるという事態《じたい》になった。この時間内に、今後必要な食料を確保《かくほ》しなければならない。

また、ロックダウンが起きると公共交通機関が止まり、現地《げんち》スタッフは通勤《つうきん》ができなくなる。病院のスタッフをどのようにして病院に連れていけばいいのだろうか？

現地《げんち》スタッフと緊急《きんきゅう》に話し合った。

＊1 新型《しんがた》コロナウイルス感《かん》染症《せんしょう》…二〇一九年に中国《ちゅうごく》で発生し、世界中に広まった感染症《かんせんしょう》。

＊2 ロックダウン…安全のため人びとの外出や移動《いどう》を制限《せいげん》すること。

「必要な食料のリスト[*3]を作ったから、これを運んできてくれる？」

「わかった、今すぐ行ってくるよ。」

「医療《いりょう》スタッフの送り迎《むか》えに車を使うけれど、そもそもドライバー[*4]はどうやって事務所《じむしょ》に車を取りに来られるかな？」

「夜勤《やきん》のドライバーと徒歩《とほ》で来られる一部のドライバーで、ほかのドライバーと医療《いりょう》スタッフを迎《むか》えに行ってはどうかな。」

時間との戦いであったが、みんなで知恵《ちえ》を出し合い、無事食料を確保《かくほ》することができたし、効率《こうりつ》よく病院のスタッフを送り迎《むか》えし、医療《いりょう》活動も継続《けいぞく》することができた。

「病院の準備《じゅんび》ができたから、ちょっと家族の様子を見てくる。うちにも食料《しょくりょう》を買わなくてはいけないし。」

*3 リスト…一覧表《いちらんひょう》。目録。

*4 ドライバー…運転手。

ナイジェリアと周辺の国ぐに。

現地《げんち》のスタッフは、チームとしての活動にも追われながら、どんな事態《じたい》でも家族を守っていかなければならない。

現地《げんち》スタッフは、その土地で生活を営《いとな》んでいる。国境《こっきょう》なき医師団《いしだん》で働くことと家族を守ることの、どちらにも同じように精《せい》いっぱい向き合う姿《すがた》にも、丸《まる》井《い》さんはいつも心を打たれる。

チームの中には現地《げんち》スタッフとともに、丸井《まるい》さんのような外国人スタッフが何人もいる。

丸井《まるい》さんが活動に参加して間もないころは、

「電気がちゃんと通っているだろうか？」

「断水《だんすい》しないだろうか？」

など、心配がたくさんあった。

そんなとき、チームメイトの外国人スタッフが、

ナイジェリア、住居《じゅうきょ》内にあるご飯を食べる場所。チームメンバーと丸井さん（中央）。

（写真：国境なき医師団）

ていねいに教え、はげましてくれたおかげで、ロジスティシャンの仕事を身につけていくことができた。

今では、丸井さんが新しいスタッフたちにアドバイス[*1]したり、はげましたりしている。こうして、チームワーク[*2]は深まり活動をスムーズにしている。

緊急事態《きんきゅうじたい》は夜中に起きることが多い。

朝まで待てないことでも、チームの仲間で協力し合って乗り切ったことは何度もある。そんなとき、みんなの笑顔が花のように咲《さ》いていき、喜《よろこ》びを分かち合える。すると、「さらにがんばろう」という気持ちがあふれてくる。

こうして、どこの活動でも毎回、仲間との結束は深まる。

日本では、「同じ釜《かま》の飯を食う」[*3]という言葉があるが、どんなに大変な地域《ちいき》での活動でも、いっしょに食事をして働くことは仲間意識《いしき》を育ててくれる。

＊1 アドバイス…助言。

＊2 チームワーク…チームのメンバーが協力し、たがいの強みや能力《のうりょく》を最大《さいだい》限《げん》に生かして共通の目標を達成すること。

＊3 同じ釜《かま》の飯を食う…生活をともにした、親しい仲間であることのたとえ。

まして、「医療《いりょう》を必要としている人のために、できる限《かぎ》りのことをする」という同じ思いが、チームを一つにしてくれるのだ。

派遣《はけん》期間が終わり、それぞれが母国に帰国しても、連絡《れんらく》を取り合ったりして親交は続く。

丸井《まるい》さんは、スーダンでいっしょに活動したフランス人の同《どう》僚《りょう》と、日本で再会《さいかい》して今も親しくしている。

❖子どもたちに伝えたいこと

丸井《まるい》さんには、日本人、特に子どもたちに伝えたいことがある。

「毎日の生活は『あたりまえではない』ということを知ってほしい。」

スイッチを押《お》せば電気がつく、蛇口《じゃぐち》をひねれば水が出る、冷《れい》蔵庫《ぞうこ》を開ければ食料がある、という私《わたし》たちの生活は、活動地の人びとにとっては「あたりまえ」ではない。

さらに、いろいろな国からの物資《ぶっし》や医療《いりょう》の助けがなければ生きていけない人びとが、世界中にたくさんいる。

そのことは、青年海外協力隊[*1]や国境《こっきょう》なき医師団《いしだん》に入って活動したからこそわかったことだ。

「世界には助けを必要としている人がたくさんいることも知ってほしい。」

実際《じっさい》に活動に参加しなくても、活動内容《ないよう》に興味《きょうみ》を持ち、世界に目を向けるだけでも、いろいろなことが見えてくるはずだ。

そうすれば、『同じ地球に生きているんだ』という意識《いしき》で、遠くの国の人びとのことも、自分のこととして考えられるようになるのではないだろうか。

＊1　青年海外協力隊…55ページ参照。

第四章 助産師《じょさんし》として命と向き合う
～土岐《とき》 翠《みどり》さん

❖国際支援《こくさいしえん》をしていきたい

*1助産師《じょさんし》として世界各地で活動をしてきた、土岐翠《ときみどり》さん。

小学生のとき、社会科の授業《じゅぎょう》で、世界には貧困《ひんこん》、飢《う》え、紛争《ふんそう》によって国が荒《あ》れはて、そのことで引き起こされる問題が、たくさんあることを学んだ。

そのときから、国際支援《こくさいしえん》について興味《きょうみ》を持ち始めた。

土岐《とき》さんは、その後、中学の職業体験《しょくぎょう》でユニセフ*2の事務局《じむきょく》を訪《おとず》れ、そこで見た映像《えいぞう》の中で、アフリカの子どもたちが銃《じゅう》を持ち、

---

*1 助産師《じょさんし》…10ページ参照。

*2 ユニセフ…国際《こくさい》連合児童基金《ききん》（ＵＮＩＣＥＦ）。世界中の子どもたちの命と健康を守るために活動している。

兵士《へいし》にされていた姿《すがた》が目に焼きついて忘《わす》れられなくなった。

2018 年、少年兵の解放式典《かいほうしきてん》に参加する元少年兵《もとしょうねんへい》。武装勢力《ぶそうせいりょく》から解放《かいほう》された子どもたちだが、ふつうの生活に戻るまでの道のりは長い。

（写真：ロイター／アフロ）

（自分がこの子と同じ国に生まれたら、どんな思いになるだろう？

どんな助けを求めるだろう？

今の自分にできることはなんだろう？

将来《しょうらい》、どういう職業《しょくぎょう》に就《つ》いたら、こういった*1発展途上国《はってんとじょうこく》への支援《しえん》活動ができるのだろうか？）

そんなことばかり考えるようになった。

ちょうどそのころ、国境《こっきょう》なき医師団《いしだん》（MSF《エムエスエフ》）のキャンペーン*2*3CM《シーエム》で見かけた、『国の境目《さかいめ》が生死の境目《さかいめ》であってはならない』という一文が心にひびいてきた。

ここに入れば、助けを必要としている人びとの所へ行って、自分も活動できるにちがいない。

そのために、医療《いりょう》関係の職業《しょくぎょう》に就《つ》こう！　発展途上国《はってんとじょうこく》で赤ちゃんとお母さんの力になれる助産師《じょさんし》になろう！

＊1 発展途上国《はってんとじょうこく》…経済的《けいざいてき》・社会的に立ちおくれている国。開発途上国《とじょうこく》ともいう。
＊2 キャンペーン…ある目的に向けて、多くの人びとに働きかける活動。
＊3 CM《シーエム》…コマーシャル。テレビ放送などで、番組の前後や途中《とちゅう》に行う広告《こうこく》のこと。
＊4 留学《りゅうがく》…外国に行って、ある期間とどまって勉強すること。

*5国立看護《かんご》大学校で学び、助産師《じょさんし》となり、国境《こっきょう》なき医師団《いしだん》で働くことを目標に、土岐《とき》さんは日本で助産師《じょさんし》としての経験《けいけん》を積んだ。その後、活動に必要な英語力をつけるために、オーストラリアに*4留学《りゅうがく》した。

❖助産師《じょさんし》として支援《しえん》活動開始

準備《じゅんび》が整った二〇一九年七月、いよいよ医療《いりょう》スタッフとして活動開始。

まずは、紛争《ふんそう》の影響《えいきょう》を受ける、*6イラク北部の都市・モスルの病院へ派遣《はけん》され、次にイエメン、*7南《みなみ》スーダンと紛《ふん》争地《そうち》で活動を続けた。

土岐《とき》さんは紛争地《ふんそうち》での活動を希望していたわけではなく、発展途上国《とじょうこく》などで支援《しえん》を必要としている人びとのもとへ行きたいと考えていた。

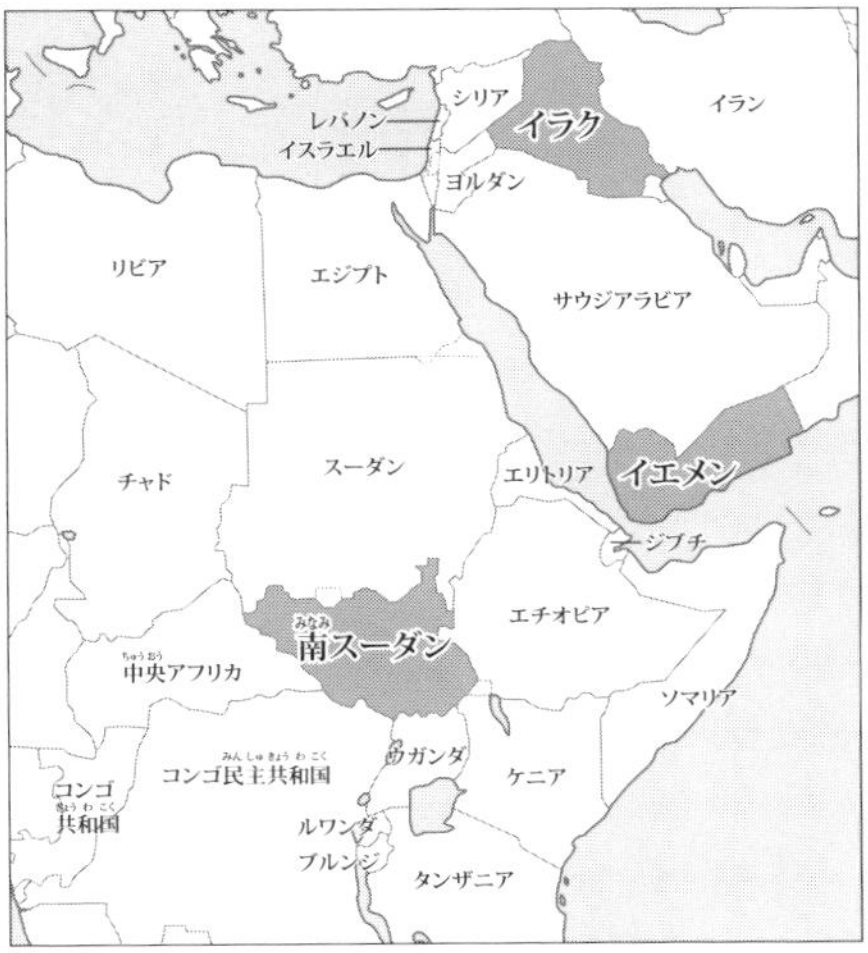

イラク、イエメン、南《みなみ》スーダンの位置。
(国境線《こっきょうせん》は現在《げんざい》のもの)

*5 国立看護《かんご》大学校…東京《とうきょう》都清瀬市《きよせし》にある厚生労働《こうせいろうどう》省管轄《しょうかんかつ》の大学校（大学に相当する学校）。

*6 イラク…西アジア中央部にある国。

*7 南《みなみ》スーダン…アフリカ中央部にある国。

2019 年、イラクでの活動。出産後の母親に、赤ちゃんの保健指導《ほけんしどう》をする土岐《とき》さん（左上）。
（76 ～ 77 ページの３点すべて写真：国境なき医師団）

＊１ 胎児《たいじ》…母親のおなかの中にいる、まだ生まれていない子。
＊２ 妊婦《にんぷ》…妊娠《にんしん》（お腹《なか》に子どもの命を宿すこと）している女性《じょせい》。

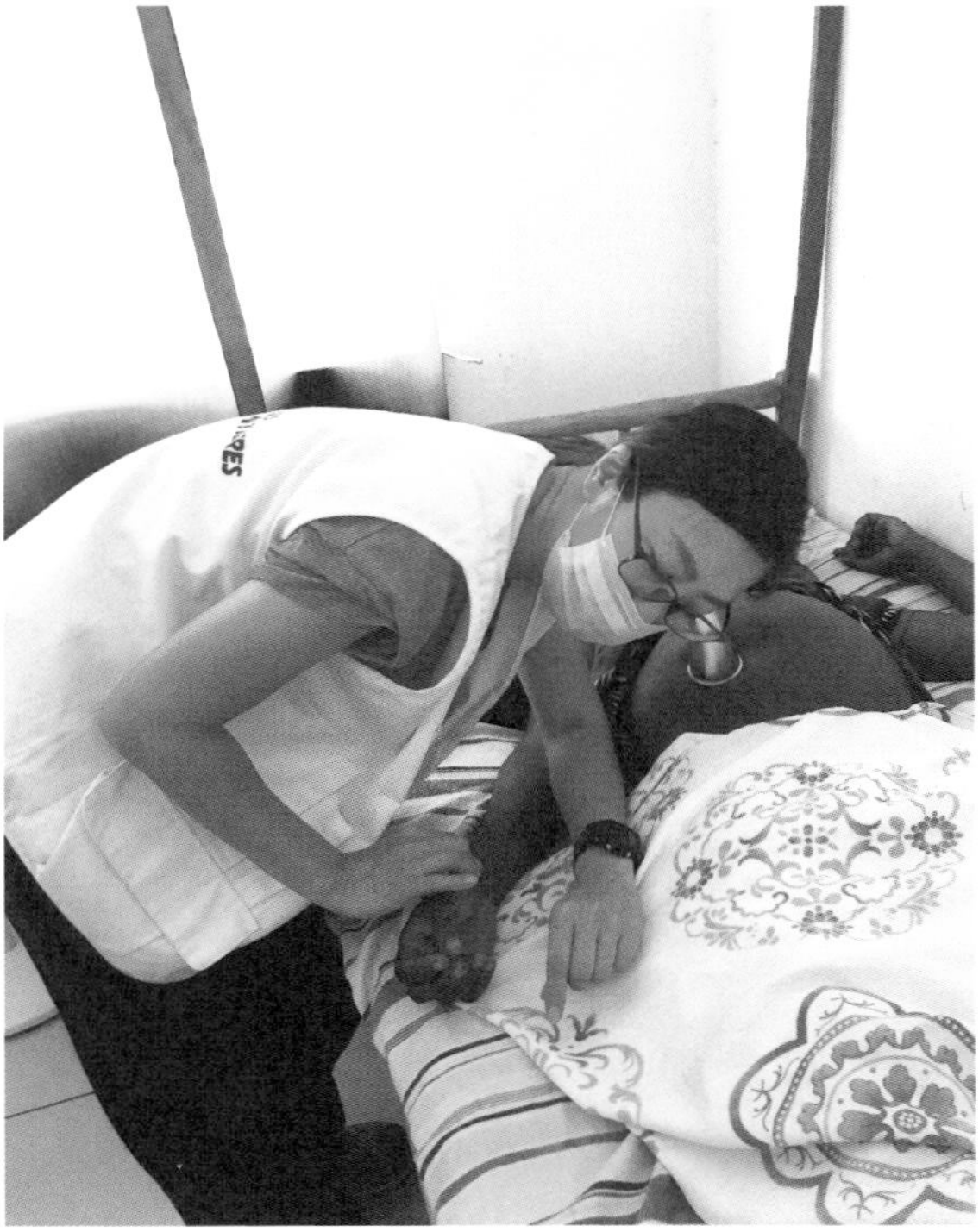

2021-22年、南《みなみ》スーダンでの活動。[*1]胎児《たいじ》の心臓の音を聞く土岐《とき》さん。

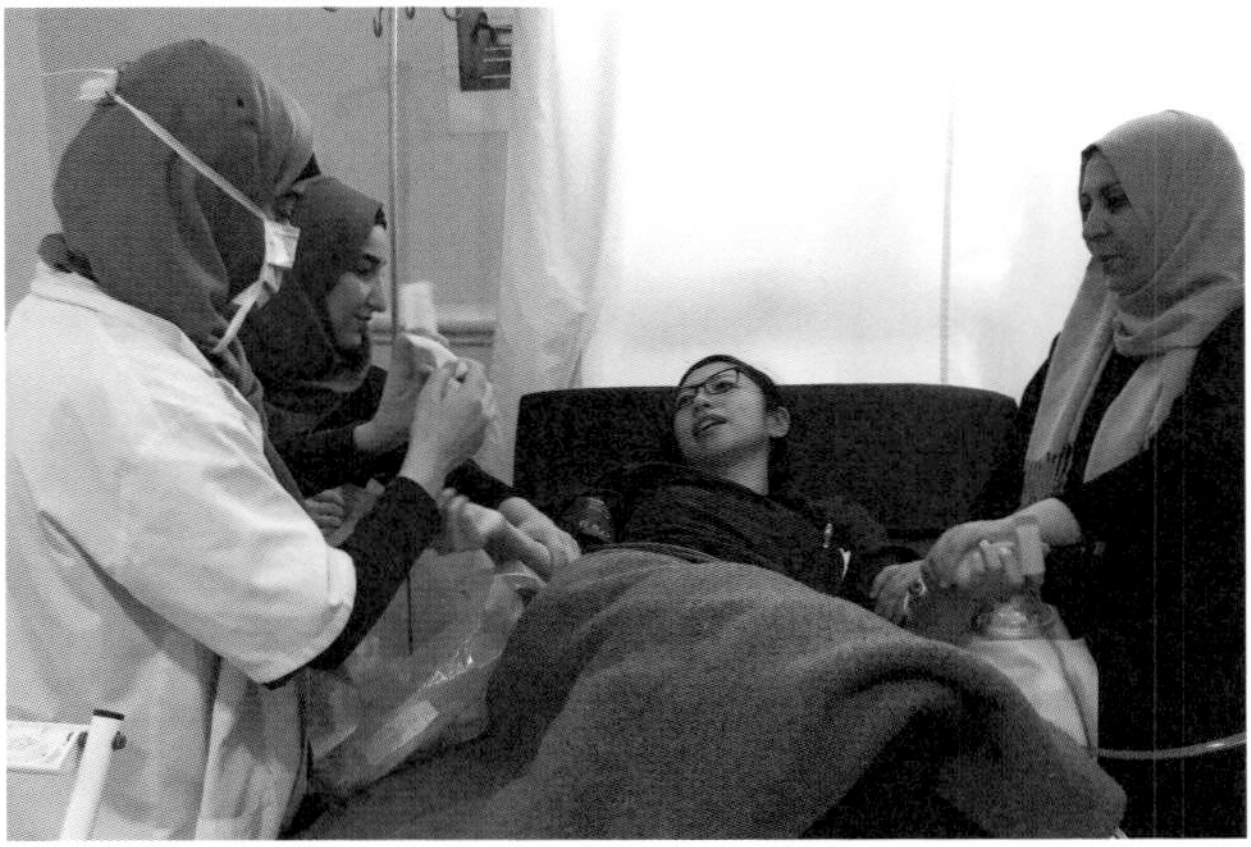

[*2]妊婦《にんぷ》の役を務《つと》めて、現地《げんち》スタッフに指《し》導《どう》をする土岐《とき》さん。

しかし、イラクに行ってみてわかったことがある。

「紛争地《ふんそうち》だからこそ、支援《しえん》を必要としている人であふれている。」

紛争《ふんそう》が起こると、今まで平和に暮《く》らしていた生活が一変し、医療施設《いりょうしせつ》が破壊《はかい》されて、十分な医療《いりょう》が受けられなくなったり、食料も物資《ぶっし》も急激《きゅうげき》に不足して、感染症《かんせんしょう》が流行したり飢《う》えに苦しむようになったりする。

そんな中でも、*1妊婦《にんぷ》さんは生きていかなければならないし、そんな状況《じょうきょう》でも出産しなければならない。

土岐《とき》さんが派遣《はけん》されたイラクの活動では、月に七百～八百件《けん》の分娩《ぶんべん》（赤ちゃんの誕生《たんじょう》）があり、イエメンでも四百～五百件《けん》ほどあった。

そのためのベッドの利用*2配分や*3搬送《はんそう》の手配なども、その都度《つど》重要になってくる。

このような*4産科病棟《びょうとう》の*5マネジメントを管理者として行い、現《げん》

---

*1 妊婦《にんぷ》…76ページ参照。

*2 配分…割《わ》り当てること。

*3 搬送《はんそう》…自動車などを使って、人や物を運んで送ること。

*4 産科病棟《びょうとう》…産科（妊娠《にんしん》に関する専門《せんもん》の科）がある建物。

*5 マネジメント…経営《けいえい》や管理。

地《ち》の助産師《じょさんし》や看護師《かんごし》もまとめた。また、妊婦健診《にんぷけんしん》*6、分娩介助《ぶんべんかいじょ》*7、家族計画（どのくらいの間隔《かんかく》や何人くらいの子どもを産み育てるかなどを家族で考えていくこと）へのアドバイス、またその計画を基《もと》にした避妊具《ひにんぐ》の提供《ていきょう》などが国境《こっきょう》なき医師団《いしだん》の活動では行われていた。

「もし、分娩中《ぶんべんちゅう》に大出血が起きた場合はね……。」

技術指導《ぎじゅつしどう》や緊急時《きんきゅうじ》の訓練、難《むずか》しかった症例《しょうれい》*8の振《ふ》り返《かえ》りなども行った。

紛争地《ふんそうち》の南《みなみ》スーダンでは、性暴力《せいぼうりょく》の被害《ひがい》も多く、病院やコミュニティセンター*9で、その被害《ひがい》にあった女性《じょせい》を受け入れ、心身のケアを行った。

世界には、さまざまな理由から、中絶《ちゅうぜつ》*10がゆるされていない所もある。

そのうえ、男性の立場が強く、妻《つま》のことを自分の所有物だと

*6 妊婦健診《にんぷけんしん》…妊婦《にんぷ》の健康や赤《あか》ん坊《ぼう》の発育を知るために行う健康診断《しんだん》。

*7 分娩介助《ぶんべんかいじょ》…出産の手助けをすること。

*8 症例《しょうれい》…病気やけがなどの症状《しょうじょう》の例。

*9 コミュニティセンター…社会支援《しえん》やグループ活動などに使われる公共施設《しせつ》。

*10 中絶《ちゅうぜつ》…人工的に妊娠《にんしん》を中断《ちゅうだん》させること。

南《みなみ》スーダンの診療所《しんりょうじょ》。(写真：国境なき医師団)

いう意識《いしき》で、女性の意思に反して次つぎと妊娠《にんしん》させ子どもを産ませるところもある。日本ではとても考えられないことだ。

その結果、女性は体を休めるひまがなく、妊娠《にんしん》に関連した合《がっ》併症《ぺいしょう》[*1]を引き起こして命を落とすことも少なくない。

女性は、一人の人間として生きたいのに、その権利《けんり》がない、という状況《じょうきょう》を[*2]目《ま》の当たりにして、土岐《とき》さんの心は何度も苦しくなった。

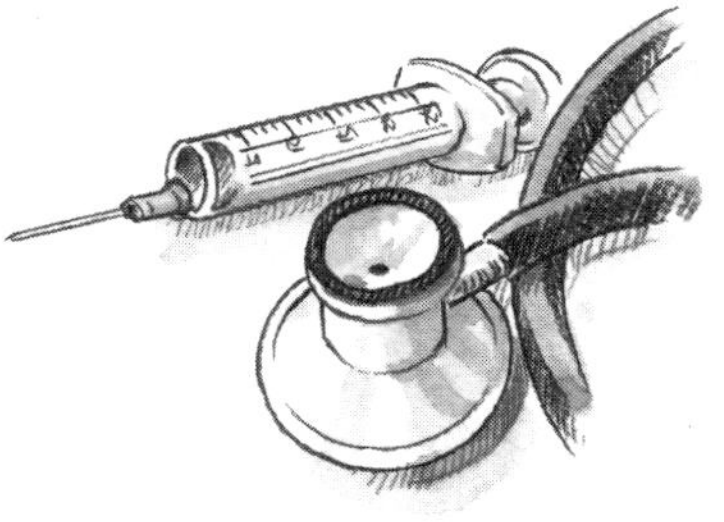

＊1　合併症《がっぺいしょう》…ある病気が原因《げん》でなる別の病気。また、手術《しゅじゅつ》や検査のあとに起こる病気。

＊2　目《ま》の当たりにして…目の前で実際《じっさい》に見て。

❖銃声《じゅうせい》の聞こえる街での出産

イエメンでは、タイズという街で活動した。

国境《こっきょう》なき医師団《いしだん》は、現地《げんち》のホテルを改装《かいそう》して病院にしていた。

ここで、土岐《とき》さんたち産科《さんか》スタッフ四十五人は、[*1]妊産婦《にんさんぷ》を対《たい》象《しょう》として、地域《ちいき》の病院では治療《ちりょう》できない人を助けるための[*2]二次医療《いりょう》を行っていた。

戦闘《せんとう》の前線[*3]から十キロほどしか離《はな》れていない所にあるので、銃声《じゅうせい》がたびたび聞こえてきた。

そんな場所で、月に五百件《けん》近くのお産がある。

ただ、すべてが順調で元気な赤ちゃんが生まれてくるわけではない。

むしろ、母子ともに危険《きけん》な状態《じょうたい》になったり命を落とす場合も多くある。

大きな原因《げんいん》としては、貧《まず》しさや、医療施設《いりょうしせつ》が家から遠い（歩

＊1　妊産婦《にんさんぷ》…妊娠中《にんしんちゅう》および出産後1年を経過《けいか》しない女性《じょせい》。

＊2　二次医療《いりょう》…入院治療《ちりょう》を必要とする、重症患者《じゅうしょうかんじゃ》を対象《たいしょう》とする医療《いりょう》。

＊3　前線…戦場で敵《てき》に直接《ちょくせつ》向かい合っている場所。

いて一〜二時間はかかる）、また医療施設《いりょうしせつ》があってもきちんと検《けん》査《さ》や治療《ちりょう》をしてもらえない、といったことだ。そのため、国境《こっきょう》なき医師団《いしだん》の病院に来るほとんどの妊婦《にんぷ》さんが、妊婦健診《にんぷけんしん》を一度も受けられないまま出産している。

日本だったら、妊婦《にんぷ》さんは、毎月の健診《けんしん》*4があり、異常《いじょう》が見つかれば早期に治療《ちりょう》してもらえるので安心して出産にのぞむことができる。

しかし、そういうことができない地域《ちいき》では、母親が合併症《がっぺいしょう》*5などが起きた状態《じょうたい》で運ばれてくるなど、命の危機《きき》がある事例*6も多く、赤ちゃんが、あるいは母子ともに出産前後に亡《な》くなってしまうことも多い。

そんな場面に出合うたびに、土岐《とき》さんたちは悲しみとともに、なんとかしなくてはと思ってやまない*7。しかし、自分たち国境《こっきょう》なき医師団《いしだん》の病院の治療《ちりょう》の質《しつ》を上げるだけでは限界《げんかい》がある。

---

*4 健診《けんしん》…健康診断《しんだん》。

*5 合併症《がっぺいしょう》…81ページ参照。

*6 事例…過去《かこ》に実際《じっさい》にあった例。

*7 思ってやまない…思い続ける。

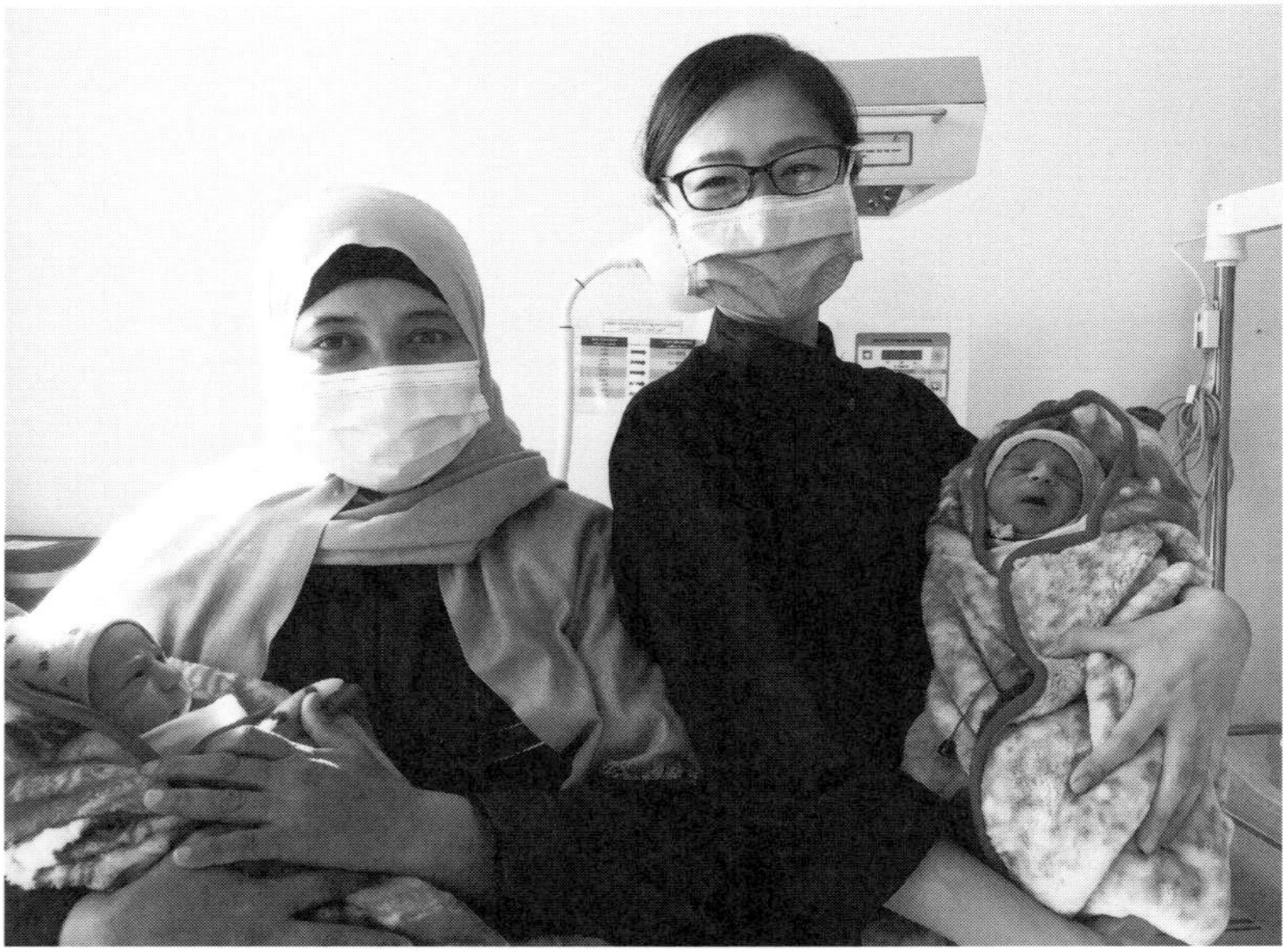

2021 ～ 2022 年のイエメンでの活動。無事に生まれた赤ちゃんを抱《だ》く土岐《とき》さん（右）。

（写真：国境なき医師団）

地域《ちいき》の一次[*1]医療《いりょう》施設《しせつ》の質《しつ》の改善《かいぜん》や、人びとに情報《じょうほう》を提供《ていきょう》して妊婦健診《にんぷけんしん》の受診率《じゅしんりつ》を上げなければ、問題は解決《かいけつ》しない。

そのため、政府《せいふ》の病院やほかのＮＧＯ《エヌジーオー》[*2]との連携《れんけい》も強化して活動することにも努めた。

しかし、なかなか改善《かいぜん》されないまま、あせる日びは続いた。

❖忘《わす》れられない出来事

イエメンでは、忘《わす》れられない悲しい出来事があった。

出産時に大量に出血をした女性《じょせい》は、まだ安定していない状態《じょうたい》のため、しばらく安静にして休まなければならない。

ところが、その出産したばかりの妻《つま》のもとに夫がやってきて、

「迎《むか》えにきたから、すぐに帰るぞ。」

と言う。

「今帰るのは奥《おく》さんの体が危険《きけん》な状態《じょうたい》になり得《え》るので、入院す

＊１　一次医療《いりょう》…かぜや腹痛《ふくつう》など、日常的《にちじょうてき》な病気やけがの治療《ちりょう》や予防《よぼう》を行う医《い》療《りょう》。

＊２　ＮＧＯ《エヌジーオー》…政府《せいふ》や国際《こくさい》機関に所属《しょぞく》しないで、社会問題の解決《かいけつ》などのために活動する市民団体《だんたい》。

る必要があります。」

土岐《とき》さんは、連れ帰ろうとする夫を止めた。

すると夫は、こう言い返してきた。

「家には子どもがいっぱいいるんだ。早く帰って、子育てと家事をさせなくてはならない。」

「そんな……。今、無理をして連れて帰ると、途中《とちゅう》で大出血を起こしたり、最悪の場合、死んでしまうこともありますよ。」

土岐《とき》さんが言うと、夫は、

「それでもかまわない。次の妻《つま》をもらえばいいだけだ。」

と言うのだ。

それぞれの国に文化のちがいはある。しかし、土岐《とき》さんの心は、はげしいいきどおり[*1]でふるえた。

「女性《じょせい》の生きる権利《けんり》」が無視《むし》されている現実《げんじつ》を見せつけられた、

＊1 いきどおり…6ページ参照。

あまりに悲しい出来事だった。

そんな悲しい出来事もあったが、イラクでは、うれしいエピソード[*1]もあった。

二十三歳《さい》の患者《かんじゃ》さんは、三度目の[*2]帝王切開《ていおうせっかい》であり、これ以上妊娠《にんしん》・出産すると、命の危険《きけん》がともなう状態《じょうたい》で国境《こっきょう》なき医師団《いしだん》にやってきた。

「ご主人、よく聞いて。

これ以上彼女《かのじょ》が子どもを産むと、[*3]合併症《がっぺいしょう》などを起こして死んでしまうリスクがあります。

せめてしばらく、赤ちゃんをつくるのはやめてください。

そのための治療を受けさせてあげてください。」

女性《じょせい》の体が回復《かいふく》するまで、赤ちゃんができないようにする治《ち》療《りょう》のことを話して、必死でお願いした。

担当医《たんとうい》にも説得《せっとく》するようにたのんで、何度も夫に電話をかけてもらった。

＊1 エピソード…一つの出来事。

＊2 帝王切開《ていおうせっかい》…自然分娩《ぶんべん》ではなく、手術《しゅじゅつ》によって出産すること。

＊3 合併症…81ページ参照。

2019年、イラクでの活動。現地《げんち》の助産師《じょさんし》と土岐《とき》さん（中央）。

（写真：国境なき医師団）

しかし、夫とその父親は断固《だんこ》として首を縦に振らない。[1]

この地域《ちいき》では、男性の立場が強く、結婚《けっこん》した女性《じょせい》は、夫たちの言うことに一切《いっさい》反対することはできない。

そのせいで、多くの女性《じょせい》が体も心も傷《きず》つき苦しんでいる。命を落とすケースもある。

今、彼女《かのじょ》は、妊娠《にんしん》することへの恐怖《きょうふ》と、死の危険《きけん》におびえている。どのような状況《じょうきょう》であれ、この女性《じょせい》自身の治療《ちりょう》への同意がなければ医療行為《いりょうこうい》はできないので、何もしてあげられることがない。

土岐《とき》さんは、女性《じょせい》のもとへ行って、隣《となり》に腰《こし》かけて、彼女《かのじょ》の手を握《にぎ》った。

「つらいね。私《わたし》たちは今は何もしてあげられないけど、あなたのことを思っているよ。

もし、あなたの夫の気持ちが変わったら、あなたが治療《ちりょう》を受

＊1 首を縦《たて》に振《ふ》らない…承《しょう》知《ち》しない。賛成《さんせい》しない。

世界中から集まったチームスタッフとゲームを楽しむ土岐《とき》さん（右から４人目）。
（写真：国境なき医師団）

けたくなったら、すぐにここにもどって来てね。私《わたし》たちは、ここにいるよ。」

それから数日後、奇跡《きせき》が起こった。

土岐《とき》さんが出勤《しゅっきん》すると、診察室《しんさつしつ》にちょこんと座《すわ》ったあの女性《じょせい》が、にこにこほほえんでいるではないか！

「ようやく、夫が認《みと》めてくれたの。」

彼女《かのじょ》を助けたい一心で動く土岐《とき》さんの姿《すがた》を見ていたまわりの患者《かんじゃ》さんや近所の人たち。その人たちが、彼女《かのじょ》の夫を説得《せっとく》してくれたというのだ。

赤ちゃんがしばらくできないようにするための治療《ちりょう》をした腕《うで》を、ちょっと得意《とくい》そうに上げて見せる彼女《かのじょ》。

本当によかった！

これでしばらくは彼女《かのじょ》の体が守られる！

土岐《とき》さんの心に、全身に、安ど[*1]が広がっていく。

＊1 安ど…物事がうまくいって安心すること。

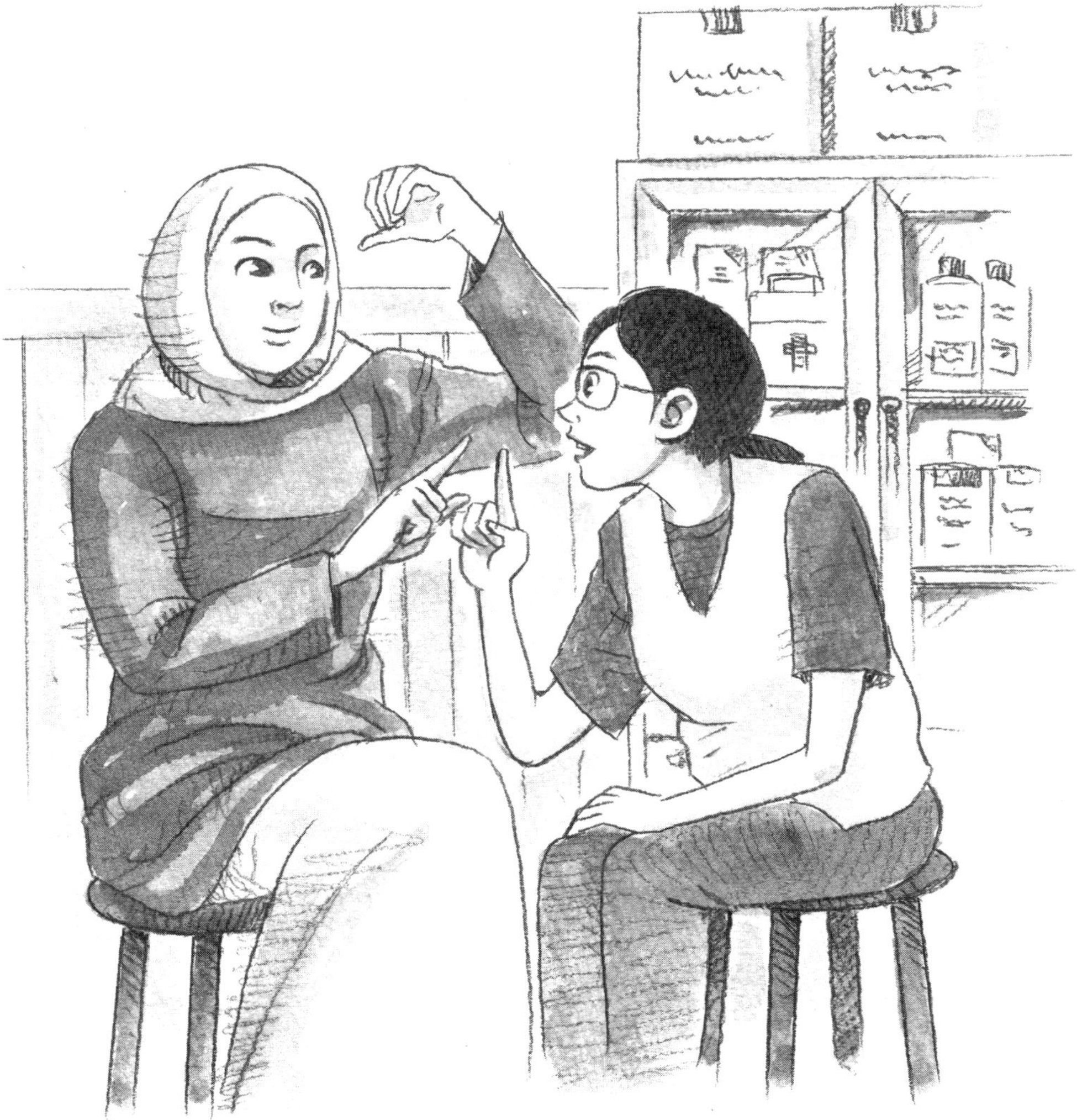

2021 ～ 2022 年の、南《みなみ》スーダンでの活動。チームスタッフとの記念撮影《さつえい》。後列左が土岐《とき》さん。

（写真：国境なき医師団）

❖種をまくこと

国境《こっきょう》なき医師団《いしだん》の使命は、医療《いりょう》を必要としている所で活動し、現地《げんち》で見た危機《きき》について証言《しょうげん》していくことだ。

『種をまかないと花は咲《さ》かないから。』

土岐《とき》さんが同僚《どうりょう》から教えられた大好きな言葉だ。

今すぐに活動の結果が見えないときもある。思ったように変化を起こすことができないときもある。

しかし、いつかは花が咲《さ》くときが来ると信じて、活動を続け、種をまいていくことが大切だという意味だ。

土岐《とき》さんはこれから、今までの国境《こっきょう》なき医師団《いしだん》の活動経験《けいけん》を生かして、さらに「大きなアプローチ*1の方法を考える」ために、大学院*2で「公衆衛生《こうしゅうえいせい》*3」という分野を学ぶことを決めた。

例えば、けいれん*4発作*5が原因《げんいん》で病院に運ばれてきた妊婦《にんぷ》さんが、すでに手遅《ており》れで、母子ともに命を落とすケースを土岐《とき》さん

＊1 アプローチ…対象《たいしょう》に迫《せま》ること。接近《せっきん》。

＊2 大学院…大学の学部で学んだ知識《ちしき》を、さらに深めるための研究を行う教育機関。

＊3 公衆衛生《こうしゅうえいせい》…地域《ちいき》全体で病気を予防《よぼう》し、健康を維持《いじ》できるように努力すること。

＊4 けいれん…筋肉《きんにく》が勝手に収縮《しゅうしゅく》すること。

＊5 発作…病気の症状《しょうじょう》が突《とつ》然《ぜん》起こること。

は何度も経験《けいけん》した。

これは、「妊婦《にんぷ》にけいれんが起きた時は、すぐに病院に行かなければならない」ということを現地《げんち》の人びとが知らない、ということが原因《げんいん》の一つだ。

そういったことをなくしていくためには、「妊娠中《にんしんちゅう》のけいれん発作は緊急事態《きんきゅうじたい》であり、発作が起こったら、すぐに病院に行かなければなりません」と、広く現地《げんち》の妊婦《にんぷ》さんや人びとに知らせることが大切だ。

また、[*1]高血圧《こうけつあつ》がけいれん発作を起こす一つの要因《よういん》であるため、[*2]妊産婦《にんさんぷ》の血圧《けつあつ》の[*3]コントロールが必要である。また、その血圧《けつあつ》を確認《かくにん》するためには、妊婦健診《にんぷけんしん》に行かなければならないことを教育する。

さらに、妊婦健診《にんぷけんしん》の受診者《じゅしんしゃ》が増《ふ》えても、そこで働く助産師《じょさんし》が適切《てきせつ》に対処《たいしょ》できなければ意味がないので、助産師《じょさんし》の教育や支援《しえん》

＊1 高血圧《こうけつあつ》…つねに血圧《けつあつ》が高い病気。血圧《けつあつ》は、血液《けつえき》が血管壁《けっかんへき》におよぼす圧力《あつりょく》のこと。

＊2 妊産婦《にんさんぷ》…82ページ参照。

＊3 コントロール…ちょうどよい具合に調節したり、統制《とうせい》したりすること。

も必要になる。

国境《こっきょう》なき医師団《いしだん》は無料で医療《いりょう》を提供《ていきょう》しているが、そのほかの政府《せいふ》の病院などでは医療費《いりょうひ》がかかるため、貧《まず》しさが原因《げんいん》で健診《けんしん》に行けない場合やインフラ*4が整っていないことにより、医療《いりょう》にアクセスができない場合が多い。そのような場合は、政府《せいふ》からの支援《しえん》、保健医療制度《ほけんいりょうせいど》の見直しなどが必要になってくる。

このように、物事を多方面からとらえてアプローチすることを、「公衆衛生《こうしゅうえいせい》」で学ぶことができる。

今までの国境《こっきょう》なき医師団《いしだん》での経験《けいけん》によって気づかされた、いろいろな方向からのアプローチの必要性《ひつようせい》。公衆衛生《こうしゅうえいせい》の知識を生かして、さらなる活動と種まきとなるようなことをしていきたい、と話す。

世界中に、笑顔と平和の花が咲《さ》きますように！

＊4　インフラ…57ページ参照。

❖子どもたちに伝えたいこと

土岐《とき》さんは、日本の子どもたちに、「無関心な大人にならないでほしい」「広く物事を見てほしい」と強く願っている。

テレビや新聞などで取り上げられている、ウクライナ[*1]やパレスチナ[*2]などの紛争地《ふんそうち》での出来事は、実は報道《ほうどう》されていないだけで、世界のさまざまな場所で起きている。そのような世界の現状《げんじょう》を、与えられる情報《じょうほう》だけではなく、少しアンテナをのばして自分から見つけていってほしいと感じている。

まずは「知る」ということが大切。そしてどこの国に住む人も、同じ人間であり、みんな同じように喜《よろこ》びや悲しみを感じて生きているということを知ってほしいと思っている。

土岐《とき》さんは、子どもにも大人にも自分にも呼《よ》びかけ続けていきたいことがある。

「一人ひとりが、大切な命なんだよ。」

＊1 ウクライナ…39ページ地図参照。

＊2 パレスチナ…左の脚注、および99ページ地図参照。

[99ページ]

＊1 パレスチナ…①地中海東岸《とうがん》の地域《ちいき》をさす地名。②イスラエルにある、パレスチナ人（アラブ人）の自治区（ヨルダン川西岸とガザ地区の二つの地《ち》域《いき》で、パレスチナ人による自治《じち》がなされている）をさす呼《よ》び方。

＊2 ガザ地区…パレスチナ自治区《じちく》のうち、地中海とエジプトに接《せっ》する地区。

第五章
暴力《ぼうりょく》はすぐにやめて！
～ガザ地区からの叫《さけ》び

❖弱い立場の人たちを助けて！

二〇二三年十月、[*1]パレスチナ・[*2]ガザ地区で、[*3]イスラム原理主義組織《しゅぎそしき》[*4]ハマスとイスラエルとの[*5]軍事衝突《しょうとつ》がはげしくなり、多くの犠牲者《ぎせいしゃ》が出ている。

そこで被害《ひがい》を受けているのは、一般《いっぱん》市民、[*6]とりわけ子どもたちや女性《じょせい》だ。

つまり、弱い立場に置かれている人たちが、逃《に》げ場《ば》を失い、路上をさまよい、暴力《ぼうりょく》や爆撃《ばくげき》の犠牲《ぎせい》になって

パレスチナの位置。

＊3 イスラム原理主義《しゅぎ》…イスラム教の原点に立ち返って、国家や社会の建設《けんせつ》をはかろうとする政治《せいじ》運動や考え。

＊4 ハマス…「イスラム抵抗《ていこう》運動」の略《りゃく》で、パレスチナのイスラム急進派組織《きゅうしんはそしき》。ガザ地区を支配《しはい》している。

＊5 軍事衝突《しょうとつ》…軍隊どうしが兵器で攻撃《こうげき》し合うこと。

＊6 とりわけ…特に。

いる。

パレスチナで活動する国境《こっきょう》なき医師団《いしだん》（ＭＳＦ《エムエスエフ》）は、医療支《いりょうし》援《えん》を継続《けいぞく》したが、活動は困難《こんなん》を極めた。*1

医療施設《いりょうしせつ》への攻撃《こうげき》、水も電気も燃料《ねんりょう》も確保《かくほ》できずに危険《きけん》と隣《とな》り合《あ》わせだった。そんな中、細い糸をたぐる*2ようにしてできる限《かぎ》りの支援《しえん》に力をつくしながら、世界に証言《しょうげん》し、また、支援《しえん》を呼《よ》びかけるとともに、戦闘《せんとう》の即時《そくじ》*3停止《ていし》を求めて訴《うった》えている。

「安全であるはずの病院は、絶対《ぜったい》に守られなくてはなりません。医療施設《いりょうしせつ》は攻撃《こうげき》してはならないという国際人道法《こくさいじんどうほう》*4がまったく守られないことにいきどおりを感じます。

いますぐ、暴力《ぼうりょく》が止められることを心から願います。」

日本の種子島《たねがしま》*5ほどの面積のガザ地区に住むパレスチナ人は約二百万人。

塀《へい》やフェンスに囲《かこ》まれたせまい土地で、人口密度《みつど》*6はとても高

---

*1 極めた…これ以上ないほど、そうなった。
*2 たぐる…引《ひ》き寄《よ》せる。
*3 即時《そくじ》…すぐに。
*4 国際人道法《こくさいじんどうほう》…人道法《じんどうほう》のこと。19ページ参照。
*5 種子島《たねがしま》…鹿児島県《かごしまけん》にある島。面積約445平方キロメートル。
*6 人口密度《みつど》…ある地域《ちいき》(国・市町村など)の人口のこみ具合を示《しめ》したもの。ふつうは、一平方キロメートルあたりに何人住んでいるかで表す。
*7 聖地《せいち》…特定の宗教《しゅうきょう》や信仰《しんこう》を持つ人びとにとって、特別に神聖《しんせい》な場所。
*8 昇天《しょうてん》…天に昇ること。
*9 第二次世界大戦《だいにじせかいたいせん》…1939年から1945年まで続いた世界規模《きぼ》の戦い。
*10 停戦《ていせん》…戦いを停止《ていし》する。

*7聖地《せいち》イェルサレム

イスラエルにあるイェルサレムは３つの宗教《しゅうきょう》の聖地《せいち》です。

３つの宗教《しゅうきょう》にとっての神聖《しんせい》な土地

イェルサレム（99 ページ地図）の旧市街《きゅうしがい》は、歴史上《れきしじょう》、ユダヤ教、キリスト教、イスラム教の３つの宗教《しゅうきょう》にとって聖地《せいち》とされてきました。現在《げんざい》、イェルサレム旧市街《きゅうしがい》には、ユダヤ教の神殿《しんでん》の一部であった「嘆《なげ》きの壁《かべ》」や、キリスト教を創始《そうし》したイエスが十字架《じゅうじか》にかかったゴルゴダの丘《おか》とイエスの墓《はか》があったと伝わる場所に建つ聖墳墓《せいふんぼ》教会、イスラム教の開祖《かいそ》である預言《よげん》者《しゃ》ムハンマドが*8昇天《しょうてん》した所とされる「岩のドーム」などがあります。

*9第二次世界大戦後《だいにじせかいたいせんご》、ユダヤ人たちは、かつて自分たちが住んでいたパレスチナと呼《よ》ばれる地中海東岸の土地に国をつくろうと集まり、1948 年にイスラエルの建国を宣言《せんげん》しました。しかし、長くこの地域《ちいき》に住んでいたイスラム教徒のパレスチナ人は、自分たちの土地や聖地《せいち》イェルサレムをめぐってイスラエルとの間で戦争を起こしました。その後、両者は 75 年以上にわたって戦争と*10停戦《ていせん》をくり返しています。

イェルサレムの旧市街《きゅうしがい》。手前のドーム型《がた》の屋根の建物が岩のドーム。（２点とも写真：PIXTA）

「嘆《なげ》きの壁《かべ》」で祈《いの》りをささげるユダヤ教徒。

い。このようにきびしく封鎖《ふうさ》されたこの地区は、「天井《てんじょう》のない監獄《＊1かんごく》」と呼《よ》ばれている。

❖ふつうの生活がくずされていく

イスラエルもパレスチナも、おたがいにゆずれないことがあり、戦争をくり返している。

二〇一八年、ガザ地区では毎週金曜日に一般《いっぱん》市民が祖国《そこく》への帰還《きかん》を求める抗議《＊2こうぎ》デモ「帰還《きかん》の行進」をはじめ、イスラエル軍から銃撃《じゅうげき》され、けがをする人が後《あと》を絶《た》たなかった。

抗議《こうぎ》デモといっても、市民が武器《ぶき》も持たずに平和的に行進していた。しかし撃《う》たれて多くの人が死傷《ししょう》した。

二十一歳《さい》のマルワンさんは、ただ祖国《そこく》への帰還《きかん》を求めてデモに参加したが、銃撃《じゅうげき》にあって、左足のすねの骨《ほね》が粉《こな》ごなになった。

モハンマドさんは、コーヒーや紅茶《こうちゃ》を販売《はんばい》する、よく働く青

＊1 監獄《かんごく》…罪人《ざいにん》をとじこめておく施設《しせつ》。刑務所《けいむしょ》。

＊2 抗議《こうぎ》デモ…反対の意見を主張《しゅちょう》したり、要求を通すために、集会や行進などを行ったりすること。「デモ」はデモンストレーションの略《りゃく》。

2023年11月28日、ガザ南部にあるハンユニス殉教者診療所《じゅんきょうしゃしんりょうじょ》へ、多くの市民が訪れている。
（写真：国境なき医師団）

年だった。彼《かれ》は、デモ行進の人たちにコーヒーなどを売っていたときに後ろから攻撃《こうげき》された。

そして、足とともに仕事も失ってしまったのだ。

モハンマドさんが撃《う》たれたダムダム弾《だん》[*1]という銃弾《じゅうだん》は、「小さく入って大きく出ていく」といわれるように、体の中で変形して飛び散ってしまい、ダメージ[*2]が大きい。

国境《こっきょう》なき医師団《いしだん》は、一九八九年からパレスチナ[*3]で活動し、このような無差別攻撃《こうげき》によって負傷《ふしょう》した人びとの体と心のケアなどを行っている。

運ばれてくる人のけがの原因《げんいん》は、デモへの攻撃《こうげき》によるものだけでなく、思いもかけない爆弾《ばくだん》によることもある。

十三歳《さい》の少年イブラヒム君は、ある日、イスラエルとの境界《きょうかい》線《せん》近くに行き、落ちていたおもちゃを拾った。

そのとき、爆発《ばくはつ》が起こった。

＊1 ダムダム弾《だん》…命中すると破裂《はれつ》したりして損傷《そんしょう》がひどくなる銃弾《じゅうだん》。国際《こくさい》会議で使用禁止《きんし》が決まっている。

＊2 ダメージ…被害《ひがい》。痛手《いたで》。

＊3 パレスチナ…98ページ脚注《きゃくちゅう》①および99ページ地図参照。

＊4 空爆《くうばく》…航空機《こうくうき》やロケットなどを使って、空中から爆弾《ばくだん》を投下して攻撃《こうげき》すること。

2023 年 10 月 8 日のイスラエルによる空爆《くうばく》[*4]後に、ガザ保健省《ほけんしょう》への医療物資《いりょうぶっし》の寄付《きふ》を準備《じゅんび》する国境《こっきょう》なき医師団《いしだん》のスタッフ。（写真：国境なき医師団）

そのおもちゃは、爆弾《ばくだん》だったのだ。

彼《かれ》の左手首から先は、一瞬《いっしゅん》にして消えてしまった。

「こんにちは、イブラヒム。」

国境《こっきょう》なき医師団《いしだん》のスタッフが笑いかけても、彼《かれ》は[*1]蚊《か》の鳴くような声で「こんにちは」と答えるだけ。

あまりのショックに笑わない子になってしまったイブラヒム君は、今も国境《こっきょう》なき医師団《いしだん》の診療所《しんりょうじょ》で心と体のリハビリを受けている。

このように、戦争による被害者《ひがいしゃ》は、弱い立場の子どもや市民がほとんど。

国境《こっきょう》なき医師団《いしだん》は、医療《いりょう》活動を続けながら、「戦争をすぐにやめて！」と叫《さけ》び続けている。

現代《げんだい》は[*2]インターネット社会で、[*3]SNS《エスエヌエス》などで、うそや誤《あやま》った情報《じょうほう》も[*4]膨大《ぼうだい》に流される。

＊1 蚊《か》の鳴くような声…かすかで弱よわしい声。
＊2 インターネット社会…パソコンやスマートフォンなどの情報《じょうほう》通信機器でインターネットに接続《せつぞく》して、情報《じょうほう》のやりとりをする社会。インターネットは、世界各地のコンピュータを核《かく》とした通信網《つうしんもう》どうしを接続《せつぞく》してできた、地球的規模《きぼ》の巨大《きょだい》な情報通《じょうほうつう》信網《しんもう》のこと。
＊3 SNS《エスエヌエス》…「ソーシャル・ネットワーキング・サービス」の略《りゃく》で、新しい友人関係を広げるための会《かい》員制《いんせい》のウェブサイトのこと。
＊4 膨大《ぼうだい》…非常《ひじょう》に多いこと。

それらの情報《じょうほう》によって、おたがいの憎《にく》しみが増《ま》し、なかなか停戦《ていせん》につながらないことも少なくない。

国境《こっきょう》なき医師団《いしだん》は、現場《げんば》に行って、自分たちが見聞き*5したこと、体験したことを、ありのまま伝える使命もある。

真実を証言《しょうげん》することは、平和への近道にもなるのだ。

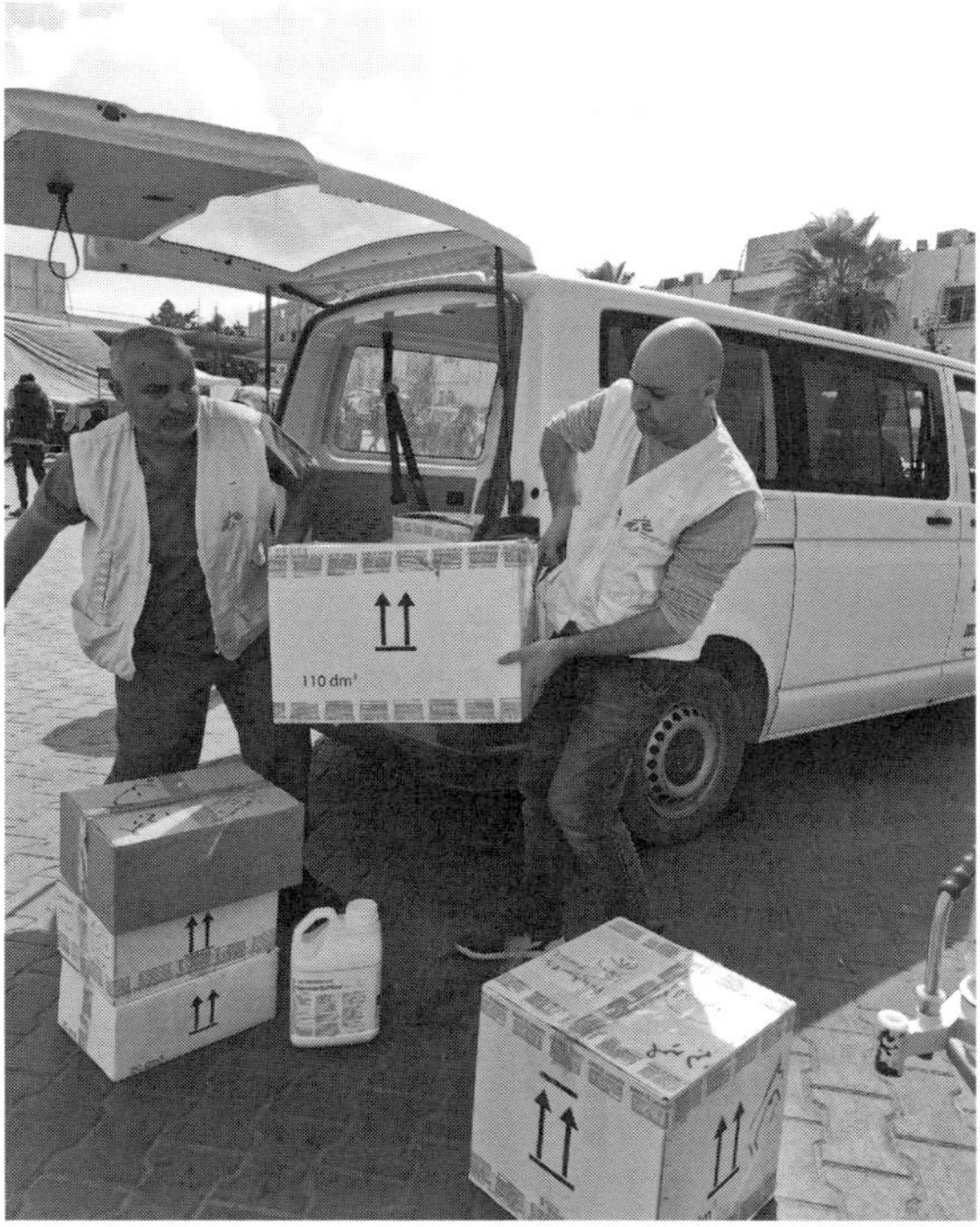

2023年10月19日、ガザ地区の病院へ医療物資《いりょうぶっし》を運ぶ国境《こっきょう》なき医《い》師団《しだん》のスタッフ。（写真：国境なき医師団）

＊5 見聞き…自分が見たり、人から聞いたりしたこと。

❖みんなを助けたかった

白根《しらね》麻衣子《まいこ》さんは、アドミニストレーター[1]（財務《ざいむ》マネージャー）として、二〇一八年十二月から一九年六月までガザ地区で活動していた。

そして、二〇二三年五月には、二度目の派遣《はけん》でガザ地区に入り、十一月まで活動を続けた。

空爆《くうばく》や砲撃《ほうげき》がない、ふだんのガザ地区はおだやかで、カフェやレストランや街角から、人びとの笑い声も聞こえていた。

白根《しらね》さんも休けい時間や仕事が終わると、スタッフといっしょにカフェに行ったり、現地《げんち》の人たちとおしゃべりをしたりもしていた。

「マイコ、今日は新しい海辺のカフェに行こう。」

「夕日がきれいに見える所を教えるよ。」

ガザの人たちは、外国人の自分にも、親しみをこめて笑いか

2019年1月、ガザ地区の[2]オフィスで働く白根麻衣子《しらねまいこ》さん（左）。（写真：国境なき医師団）

2019年２月のガザ地区。白根麻衣子《しらねまいこ》さん（左）と国境《こっきょう》なき医師団《いしだん》のスタッフ。
（写真：国境なき医師団）

＊1　アドミニストレーター…17ページ参照。
＊2　オフィス…事務所《じむしょ》。

けたり手を振《ふ》ってくれるので、白根《しらね》さんはこの場所がどんどん好きになった。

十八歳《さい》未満が人口の半分を占《し》めるこの地区では、子どもたちの明るい声もひびいていた。

ところが二度目の派遣《はけん》のとき、そのおだやかな日常《にちじょう》が突然《とつぜん》こわされた。

ハマスの攻撃《こうげき》と*1人質《ひとじち》作戦に怒《おこ》った、イスラエル軍の大規模《きぼ》攻撃《こうげき》が起きたのだ。

無差別の攻撃《こうげき》が続き、市民たちは*2逃《に》げまどうしかなかった。

白根《しらね》さんたち国境《こっきょう》なき医師団《いしだん》のスタッフも、宿舎《しゅくしゃ》があったガザ地区北部から南部に命からがら避難《ひなん》を始めた。

車に*3ぎゅうぎゅうづめになって避難《ひなん》するとき、町の人たちに「乗せてほしい」と声をかけられた。

みんなを助けたかった。

---

*1 人質《ひとじち》作戦…ガザ地区を支配下《しはいか》に置いたハマスは、大勢《おおぜい》のイスラエル人を人質《ひとじち》にした。

*2 逃《に》げまどう…逃《に》げる場所がわからず。うろうろする。

*3 ぎゅうぎゅうづめ…それ以上入らないほど、つめこむこと。

*4 国連《こくれん》…「国際連合《こくさいれんごう》」の略《りゃく》。第二次世界大戦《だいにじせかいたいせん》後に、それまでの国際連盟《こくさいれんめい》にかわって設立《せつりつ》された国際《こくさい》平和機関。

*5 敷地《しきち》…建物が建っている土地。

*6 野宿《のじゅく》…屋外で寝泊《ねと》まりすること。

　でも、車は国境《こっきょう》なき医師団《いしだん》のスタッフでいっぱいで、現地《げんち》の人を乗せてあげることはできなかった。

　振《ふ》りしぼる声を聞きながら北部を離《はな》れたあの日を、忘《わす》れることができない。

　その後、南部の国連《こくれん》[*4]施設《しせつ》[*5]の敷地《しきち》に避難《ひなん》した。

　しかし、建物の中で休む場所はなかったので、野宿[*6]をしなければならなかった。

　電気も食料もなく、「明日をどう生きぬこう」とつぶやいた。

　避難《ひなん》中は、パレスチナ人の国境《こっきょう》なき医師《いし》団《だん》のスタッフが、町中を探《さが》し回り、食料を運んできてくれた。

みんなで食料を分け合いながら、生きていることに感謝《かんしゃ》したが、いつ、ここが攻撃《こうげき》されてもおかしくないという恐怖《きょうふ》は続いた。

❖病院を撃《う》たないで！

鵜川竜也《うかわたつや》医師《いし》は、二〇二三年の四月から十一月までガザ地区で医療《いりょう》活動をしていた、感染症《かんせんしょう》の専門医《せんもんい》である。銃撃《じゅうげき》や交通事故《じこ》でけがをした人の、手術後《しゅじゅつご》の感染症《かんせんしょう》の予防《よぼう》や治療《ちりょう》を担当《たんとう》していた。

十月に紛争《ふんそう》が激化《げきか》してからは病院に行くことができず、はじめはスマートフォンを通じて、患者《かんじゃ》の様子をみたり、現地《げんち》のスタッフに薬の指《し》示《じ》を出したりしていた。

2023年10月14日、パレスチナのガザ地区南部に避難中《ひなんちゅう》の海外派遣《はけん》スタッフ。
（写真：国境なき医師団）

しかし、戦闘《せんとう》は激《はげ》しくなる一方で、避難《ひなん》を余儀《よぎ》なくされ南部へ。自分自身も体調をくずす中、多くの人が密集《みっしゅう》して避難《ひなん》するガザ地区の状況《じょうきょう》に、負傷《ふしょう》した傷口《きずぐち》からの感染症《かんせんしょう》*1や呼吸器《こきゅうき》の感染症《かんせんしょう》*2、下痢《げり》の発生を心配していた。

なによりショックだったのは、十一月二十一日の、アル・アウダ病院への攻撃《こうげき》で、同僚《どうりょう》*3のマフムード・アブ・ヌジャイラ医師《いし》とアフマド・アル・サハール医師《いし》の二人の命がうばわれたことだ。

二人とも、戦闘《せんとう》がはげしくなる中で、運びこまれる患者《かんじゃ》たちのために、最期《さいご》*4まで治療《ちりょう》を続けていた。

ヌジャイラ医師《いし》には妻《つま》と三人の子どもがいて、サハール医師《いし》は、婚約《こんやく》していて、まもなく結婚《けっこん》の予定だった。

ガザ地区からエジプト側に避《ひ》難《なん》した日の鵜川医師《うかわいし》（左）。
（写真：国境なき医師団）

*1 呼吸器《こきゅうき》…鼻《はな》やのどなど、呼吸《こきゅう》に関わる臓器《ぞうき》のこと。呼吸器《こきゅうき》の感染症《かんせんしょう》には、かぜやインフルエンザ、結核《けっかく》などがある。

*2 下痢《げり》…便にふくまれる水分が多く、液状《えきじょう》に近いまま排出《はいしゅつ》されること。

*3 同僚《どうりょう》…同じ職場《しょくば》で働いていて、地位などが同じぐらいの人。

*4 最期…命の終わるとき。

二人の医師《いし》は戦争が起きても、患者《かんじゃ》さんのために自分たちの力をつくしていた。

鵜川《うかわ》さんもその気持ちがよくわかる。

二人の医師《いし》は、まさに命がけで治療《ちりょう》にあたり、そして亡《な》くなってしまった。

国境《こっきょう》なき医師団《いしだん》は、医療施設《いりょうしせつ》や医療《いりょう》活動へ攻撃《こうげき》することに断固抗議《だんここうぎ》している。

イスラエルだろうがハマスだろうが、ほかの国だろうが、市民の命をうばうことは許《ゆる》されない。

ましてや、傷《きず》ついた人を助けている医療《いりょう》関係者を攻撃《こうげき》することなどもってのほかだ。*1

病院を撃《う》たないで。

医療《いりょう》スタッフを撃《う》たないで。

国境《こっきょう》なき医師団《いしだん》は、強く声を上げている。

---

*1 もってのほか…とんでもないこと。けしからぬこと。

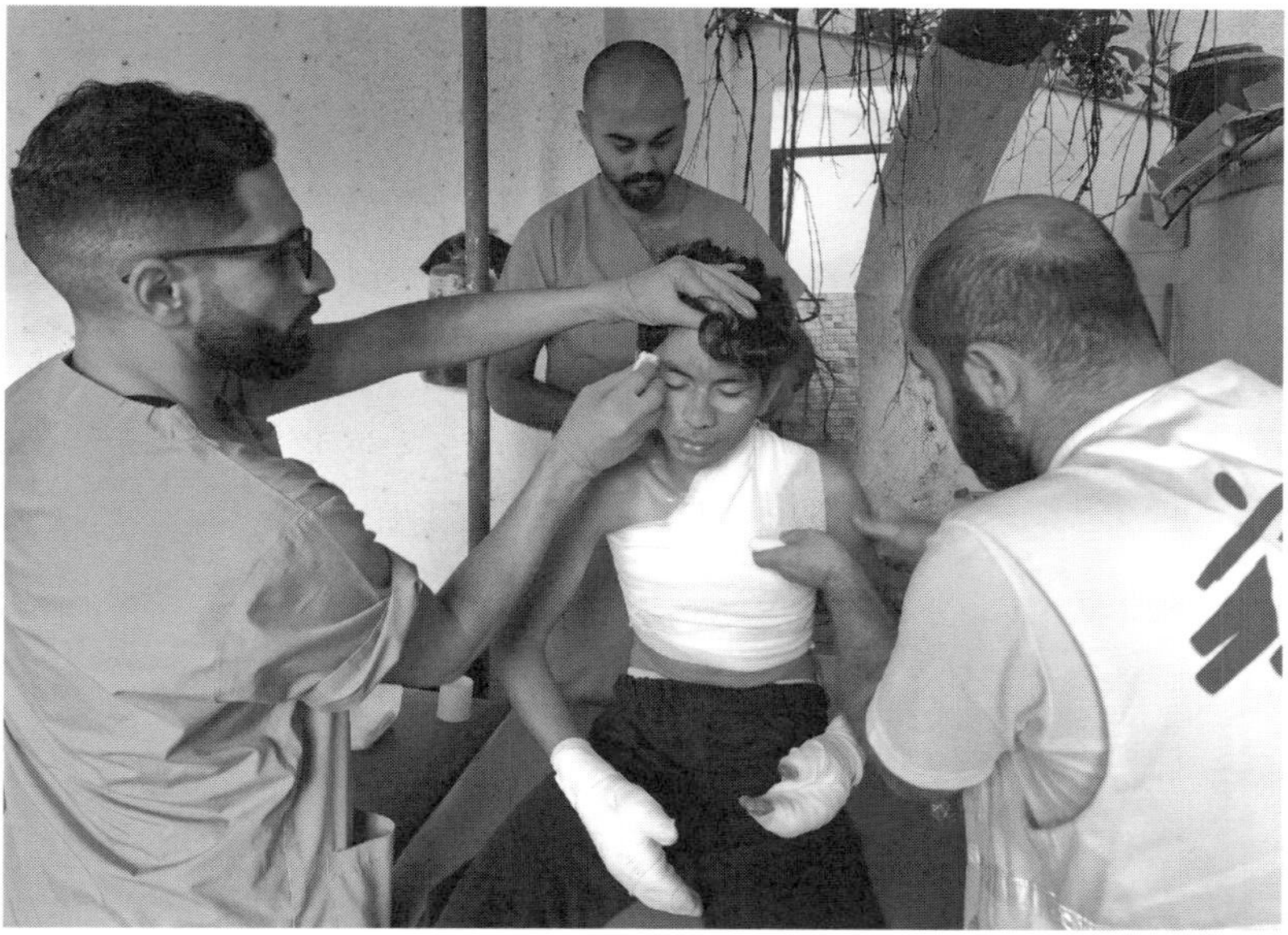

2023年10月19日。ガザ地区の病院で、やけどした少年の治療《ちりょう》にあたる国境《こっきょう》なき医師団《いしだん》の看護師《かんごし》。
（写真：国境なき医師団）

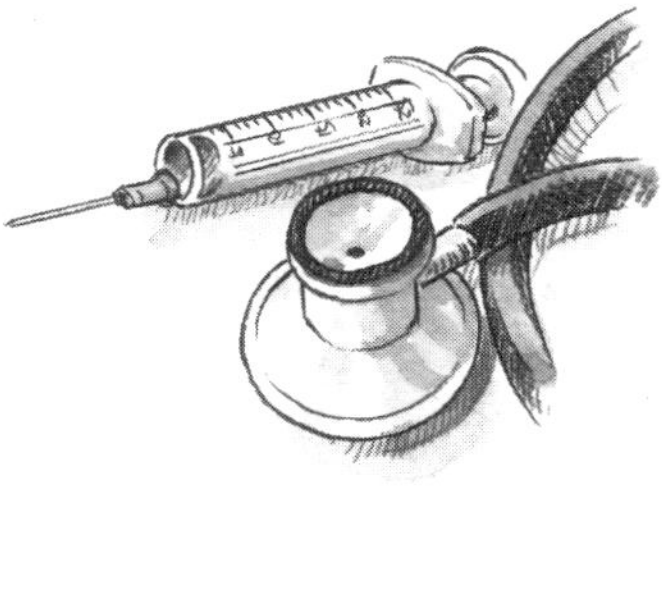

ヌジャイラ医師《いし》は、病院のホワイトボード[*1]にこう書いていた。

「最後まで残った人は、伝えてください。

私《わたし》たちはできる限《かぎ》りのことをしました。

私《わたし》たちを忘《わす》れないでください。」

鵜川《うかわ》さんは、ヌジャイラ医師《いし》の言葉を、日本中、世界中にとどけたいと強く願っている。

どちらが正しくて、どちらが正しくないとか、議論《ぎろん》している場合ではない。

そこで、今までふつうに暮《く》らしていた人びとの命が、生活がうばわれていくことに目を留《と》めて[*2]ほしい。

まず、日本人である私《わたし》たちが、「知ること」。そして平和をもたらすことを支持《しじ》してほしい。

即時《そくじ》、停戦《ていせん》。

白根《しらね》さんも、「ガザ地区の人びとの声を、市民の声を忘《わす》れない

＊1　ホワイトボード…文字を書いたり消したりできる白い板。
＊2　目を留《と》める…注意してよく見る。

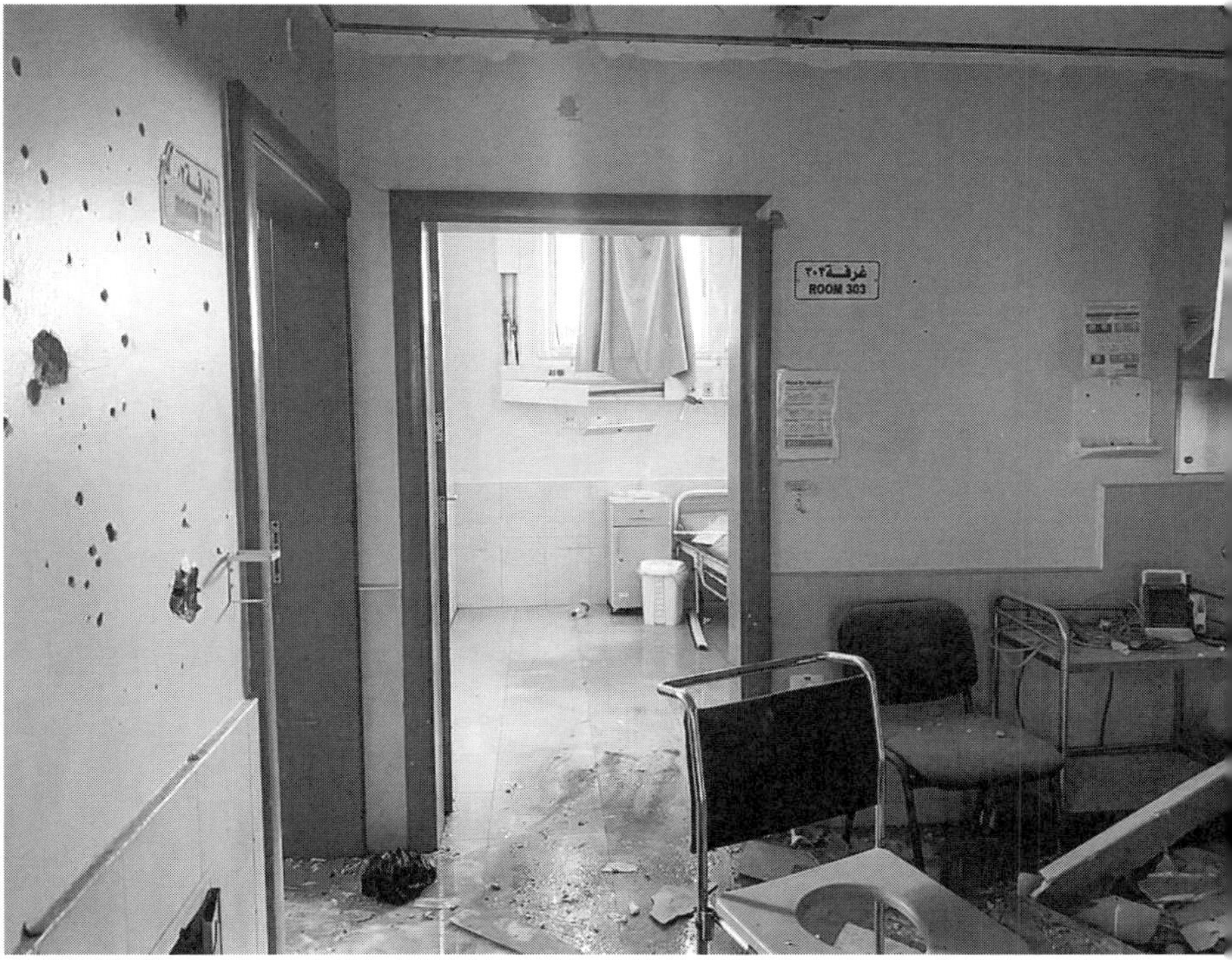
ROOM 303

ガザ北部アル・アウダ病院。攻《こう》撃《げき》を受けて、国境《こっきょう》なき医師団《いしだん》の医師《いし》ら３人が死亡《しぼう》した。
（写真：国境なき医師団）

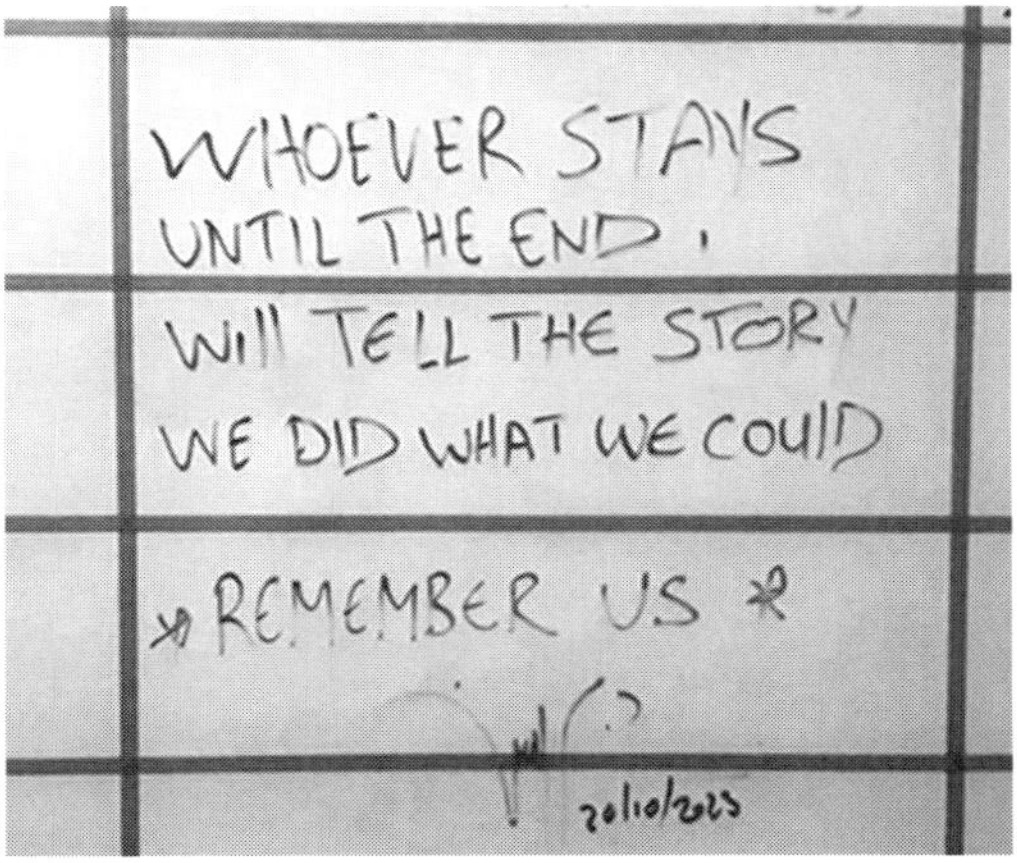
WHOEVER STAYS
UNTIL THE END,
Will TELL THE STORY
WE DID WHAT WE COULD
* REMEMBER US *
20/10/2023

アル・アウダ病院で亡《な》くなった国《こっ》境《きょう》なき医師団《いしだん》のマフムード・アブ・ヌジャイラ医師《いし》が書き残したメッセージ。

（写真：国境なき医師団）

で」と呼《よ》びかけている。

　イスラエルでもパレスチナでも、罪《つみ》のない人びとの命が失われていることを、自分のこととして「知ってほしい」し、「暴力《ぼうりょく》は絶対《ぜったい》にダメと、声を上げてほしい」と白根《しらね》さんたち、*1戦地《せんち》を目の当たりにした人たちは切望している。

　即時《そくじ》、停戦《ていせん》。

　それしか、市民の命は守れない。

　戦争のない*2中東《ちゅうとう》、世界、地球にしようと、声を上げていきたい。国境《こっきょう》なき医師団《いしだん》の必死の叫《さけ》びである。

　国境《こっきょう》なき医師団《いしだん》は、「無差別攻撃《むさべつこうげき》の即時停止《そくじていし》」「医療《いりょう》の保護《ほご》」「人道性《じんどうせい》の回復《かいふく》」を求めて、十万筆の*3署名《しょめい》を集め、外交を通じて実現《じつげん》してほしいと日本政府《せいふ》に提出《ていしゅつ》した。また、即時《そくじ》かつ持続的な停戦《ていせん》を求め、声を上げ続けている。

*1 戦地《せんち》…戦場。

*2 中東《ちゅうとう》…西アジアとアフリカ北東部。中近東《ちゅうきんとう》ともいう。

*3 署名《しょめい》…書面などに名前を書くこと。ここでは、政府《せいふ》に提出《ていしゅつ》する要求に賛《さん》成《せい》する人が、その意思表《いしひょう》示《じ》として自分の名前を書いたもの。

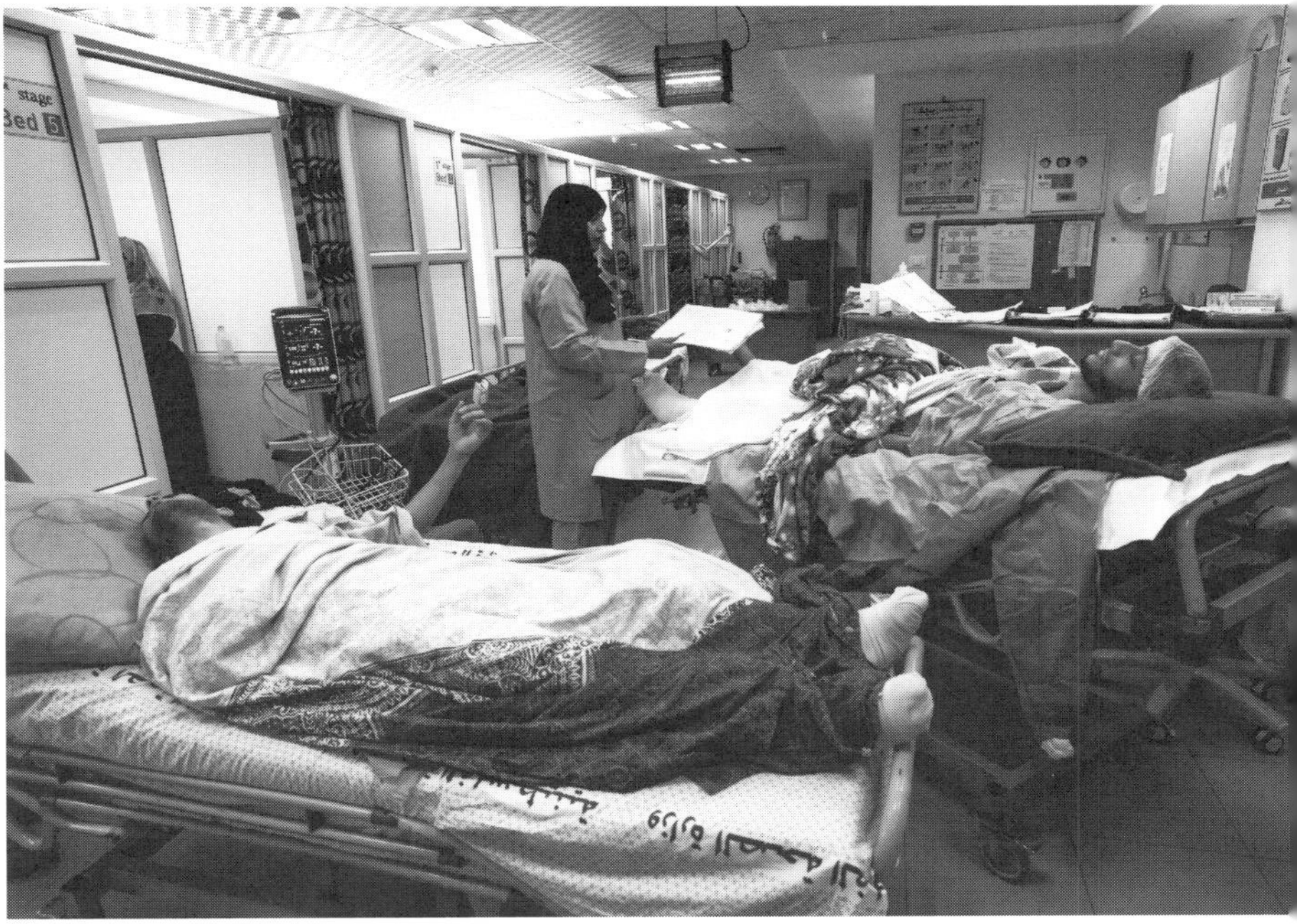

2023 年 11 月 29 日、ガザ中部地域《ちいき》のアル・アクサ病院で治療《ちりょう》を待つ患者《かんじゃ》たち。
（写真：国境なき医師団）

第六章

患者《かんじゃ》さんのもとへ、国境《こっきょう》を越《こ》えて

※医療《いりょう》スタッフと非医療《ひいりょう》スタッフ「両輪」の活動

一九九九年、国境《こっきょう》なき医師団《いしだん》（MSF《エムエスエフ》）は、平和のために力をつくしていることを認《みと》められて、ノーベル平和賞《へいわしょう》*1を受賞《じゅしょう》した。

その後も、世界中で紛争《ふんそう》は起き、大災害《だいさいがい》や貧困《ひんこん》、感染症《かんせんしょう》の流行などで苦しむ、弱い立場に立たされる人びとは後《あと》*2を絶《た》たない。

国境《こっきょう》なき医師団《いしだん》は、今日《きょう》も、その人たちの所へかけつけて、医療支援《いりょうしえん》を行っている。

そのときには、医療《いりょう》スタッフと非医療《ひいりょう》スタッフが力を合わせて活動を進めている。

これまで見てきたように、非医療《ひいりょう》スタッフには、物資《ぶっし》調達や

＊1 ノーベル平和賞…18ページ参照。

＊2 後《あと》を絶《た》たない…いつまでも終わらない。

設備《せつび》管理などを担《にな》う「ロジスティシャン*3」と、チームの人事と財務《ざいむ》を管理する「アドミニストレーター*4」のほか、健康啓発《けいはつ》*5を行うヘルスプロモーター*6、車のドライバーや守衛《しゅえい》*7など、多様な職種《しょくしゅ》がふくまれる。そしてそのいずれの仕事も、国境《こっきょう》なき医師《いし》団《だん》の活動に不可欠《ふかけつ》*8なのだ。

つまり、「医療《いりょう》スタッフ」と「非医療《ひいりょう》スタッフ」が両輪となって活動を支《ささ》えているのだ。

今まで紹介《しょうかい》したような国境《こっきょう》なき医師団《いしだん》で活動しているスタッフたちは、問題が起きれば、「患者《かんじゃ》さんを助ける」というゴールのために、スタッフ全員でいっしょに考え、問題に立ち向かっている。

しかし、「助けたい」という思いはあっても、必ずしもそれがかなうとは限《かぎ》らない。

それでも、この本で紹介《しょうかい》したように、国境《こっきょう》なき医師団《いしだん》のスタッ

---

*3 ロジスティシャン…17ページ参照。

*4 アドミニストレーター…17ページ参照。

*5 啓発《けいはつ》…ふつうの人が気づかないようなことを教えて理解《りかい》してもらうこと。

*6 ヘルスプロモーター…17ページ参照。

*7 守衛《しゅえい》…役所や会社、学校などの出入りする人を見はったり、建物を守ったりする人。

*8 不可欠《ふかけつ》…どうしてもなくてはならない。

フたちは、一丸《いちがん》となって、目の前の患者《かんじゃ》に対してできる限《かぎ》りのことをする。

紛争《ふんそう》や災害《さいがい》などに巻《ま》きこまれて、世界には、ふつうの生活ができなくなってしまった人たちが増《ふ》えている。

そういう人たちに、再《ふたた》びふつうの生活を取りもどしてもらいたいと心から願い、また、苦しみあえいでいる[*1]人びとの声を広く伝えていきたいと活動を続けている。

けれども、そのために、あらゆることをすることは不可能《ふかのう》だ。また、あらゆる場所に行くこともできない。

スタッフだけの活動には限界《げんかい》がある。

世界中のみんなに、日本の、特に子どもたちに、世界で起きている悲惨《ひさん》な状況《じょうきょう》と、そこで助けを求める「声」を聞こうとしてほしい。

＊1 あえいでいる…ここでは、厳《きび》しい状況《じょうきょう》の中で苦しむこと。

ガザ地区で、戦争で傷《きず》ついた子どもたちの心のケアをする、国境《こっきょう》なき医師団《いしだん》のスタッフ。
(写真：国境なき医師団)

❖安全に活動できるように

このように、スタッフ全員が「苦しんでいる人たちに医療《いりょう》をとどけたい」という思いで活動しているが、そのためにはスタッフの安全を確保《かくほ》しなければならない。

しかし、活動地の状況《じょうきょう》は、それぞれ異《こと》なる。前に活動した地区で正解《せいかい》だった方法が、別の場所でも必ずしも正しいとは限《かぎ》らない。

特に紛争地《ふんそうち》でのスタッフの安全管理については、判断《はんだん》がとても難《むずか》しい。

アフガニスタン[*1]では、国境《こっきょう》なき医師団《いしだん》が運営《うんえい》する産科病棟《さんかびょうとう》が武力《ぶりょく》によって襲撃《しゅうげき》[*2]され、子どもや母親、助産師《じょさんし》が命を落とした。

このときは、活動を中止せざるを得《え》なくなった。

このような突然《とつぜん》の事態《じたい》に見舞《みま》われる場合もあり、そんなときには今、何をすべきか、究極[*3]の判断《はんだん》を迫《せま》られる。

＊1 アフガニスタン…西アジア東部にある国。

＊2 襲撃《しゅうげき》…不意をついて、攻撃《こうげき》すること。

＊3 究極…これ以上ない、つきつめた。

＊4 分析《ぶんせき》…物事を細かく分けて調べること。

現地《げんち》スタッフたちとも情報《じょうほう》を共有・分析《ぶんせき》[*4]して安全に活動できる道を探《さぐ》っていかなければならない。

国境《こっきょう》なき医師団《いしだん》は、「独立《どくりつ》」「中立」「公平」な立場で活動している。じつは、このことが、安全の確保《かくほ》につながっている。

あらゆる権力《けんりょく》、宗教《しゅうきょう》、政治《せいじ》からも独立《どくりつ》して、自分たちの意志《いし》で、医療《いりょう》を必要としている人びとへ公平に援助《えんじょ》しているからこそ、どの地域《ちいき》からも受け入れられるのだ。

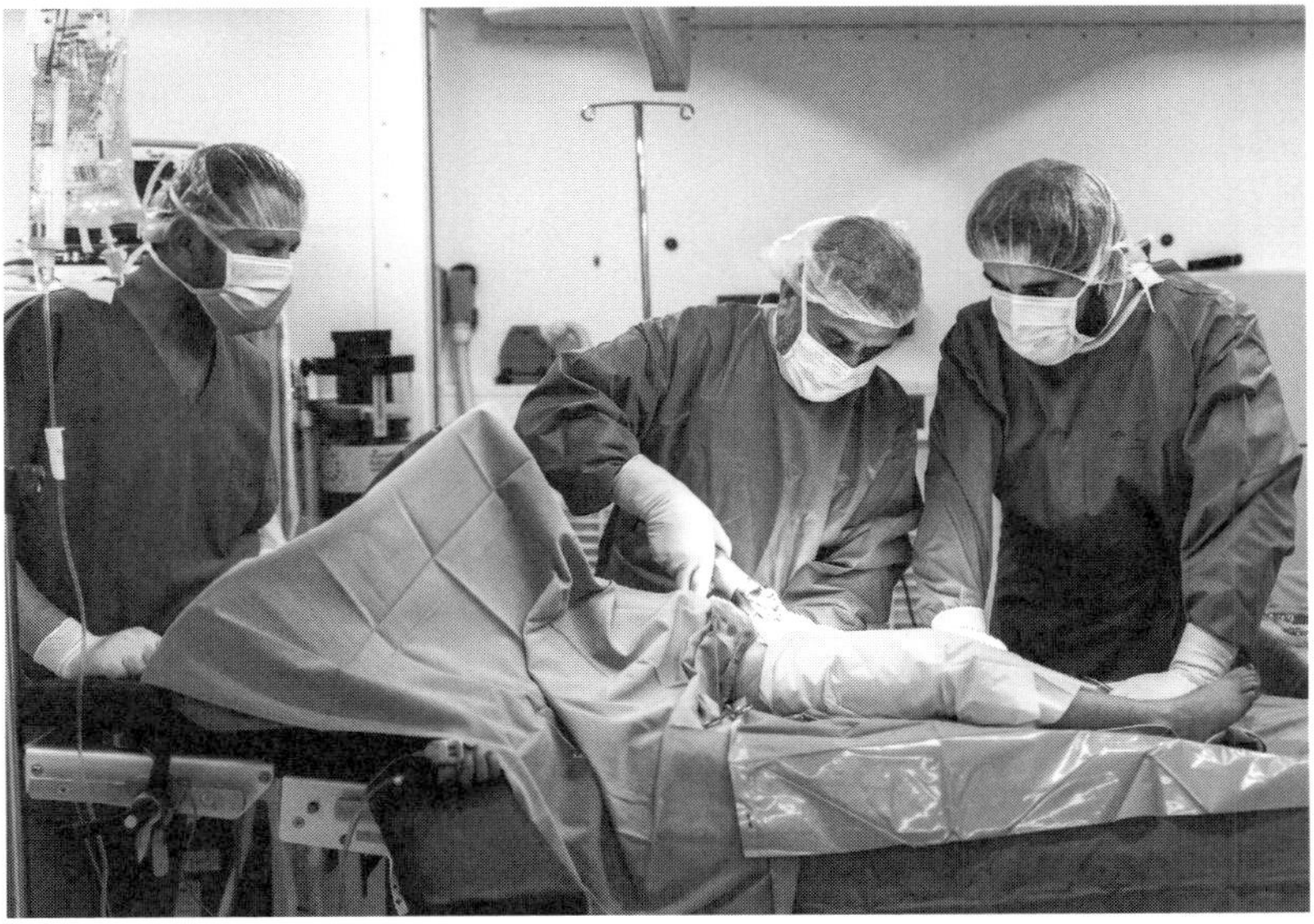

2022年11月24日。アフガニスタンのクンドゥーズ外傷《がいしょう》センターで、外科手術《げかしゅじゅつ》を行う様子。（©Nava Jamshidi）

❖国境《こっきょう》も人種も宗教《しゅうきょう》も政治《せいじ》も越《こ》えて

国境《こっきょう》なき医師団《いしだん》の、それぞれのプロジェクトのチームメンバーは、現地《げんち》で雇用《こよう》されたスタッフと海外から派遣《はけん》されたスタッフの多国籍《たこくせき》[*1]で構成《こうせい》されている。

今まで会ったことも話したこともなかった人たちが、苦しんでいる人たちの助けになりたくて、集まってきてともに活動する。無償《むしょう》[*2]で医療《いりょう》を提供《ていきょう》し、心身のケアをし、必要な医療《いりょう》の知識《ちしき》を広め、ときには、荒野《こうや》のただ中に診療所《しんりょうじょ》をつくり、食料や物資《ぶっし》を運び入れ、水も確保《かくほ》する。

次つぎと問題や困難《こんなん》はおそってくるし、なにより、どうしても助けられなかった命への痛《いた》みは大きい。

それでも、同じ目的、願いを持った仲間がいるから、乗《の》り越《こ》えられる。

そして、「おかげで元気になったよ」という患者《かんじゃ》たちの笑顔が、

＊1 多国籍…69ページ参照。

＊2 無償《むしょう》…報酬《ほうしゅう》を求めないこと。

＊3 配給所…食料品や日用品などを、割《わ》り当《あ》てて配る所。

チームをさらに元気にしてくれる。

(国も人種も宗教《しゅうきょう》も政治《せいじ》も性別《せいべつ》も、なんにも関係ない。

ただ、その人たちの命が救《すく》われて、健康に暮《く》らせる日びが訪《おとず》れてくれればいい。)

とりわけ、「弱い立場の子どもたちや女性《じょせい》たちの命と健康な生活を取《と》り戻《もど》してあげたい」と願い続けながら、活動している。

今、世界ではどんなことが起きていて、市民のふつうの生活がうばわれ、どんなふうに人びとが苦しんでいるか。

そのことを、「日本の、世界中の、みんなに知ってほしい」とも願いながら。

ガザ南部ラファにある国境《こっきょう》なき医師団《いしだん》の[*3]配給所に水をもらいに来た子どもたち。
(写真：国境なき医師団)

❖戦争にもルールがある

世界共通の「国際人道法《こくさいじんどうほう》」*1は、戦争中であっても、戦っている両者が守らなければならない決まりごとである。

その中には、「無差別な攻撃《こうげき》や、医療施設《いりょうしせつ》、医療従事者《いりょうじゅうじしゃ》、患者《かんじゃ》への攻撃《こうげき》は禁止《きんし》」「市民には安全な避難経路《ひなんけいろ》（逃《に》げるための道）を確保《かくほ》しなければならない」とある。

しかし、このことが守られないために、多くの命がうばわれ、市民は苦しみ、さまよい続けている。

国境《こっきょう》なき医師団《いしだん》は、このような決まりを破《やぶ》り、弱い立場の人を追いやり傷《きず》つけることに、強く抗議《こうぎ》している。

また、争いの中でも、人びとが適切《てきせつ》な治療《ちりょう》を受けることができるよう、また人道的《じんどうてき》な空間が確保《かくほ》されるよう、紛争《ふんそう》の当事者との対話を通じて活動している。

＊1 人道法《じんどうほう》…19ページ参照。

二〇二三年四月にスーダンで紛争《ふんそう》が始まった。戦闘《せんとう》から逃《のが》れるため、百万人以上の難民《なんみん》が周辺の国ぐにへ避難《ひなん》していった。しかし、避難《ひなん》した先にも紛争《ふんそう》があったり、それ以前からの難民《なんみん》がいたりして、命の危険《きけん》が重なっていく。子どもも母親たちも栄養失調になり、はしか[*2]やマラリア[*3]は流行していった。

さらにスーダンの首都ハルツームでは、政府《せいふ》が敵対《てきたい》する勢力《せいりょく》の支配地域《しはいちいき》での医療《いりょう》活動を制限《せいげん》するために、医療施設《いりょうしせつ》への医療《いりょう》物資《ぶっし》の供給《きょうきゅう》が完全にブロック[*4]された。その結果、人びとが必要な医療《いりょう》を受けることは困難《こんなん》となっている。

国境《こっきょう》なき医師団《いしだん》のスタッフは、紛争《ふんそう》が始まったその日から、支援《しえん》を続けている。

どんな時でも、どんな人たちの所へも、すみやかに柔軟《じゅうなん》に、そして中立の立場で向き合い、命を救《すく》うための活動をする。

しかし、思い通りにいかず無力感にさいなまれ、希望を失い

＊2 はしか…麻疹《ましん》ウイルスによる感染症《かんせんしょう》で、おもに三～四歳《さい》以下の子どもが、患者《かんじゃ》のせきや鼻じるを介《かい》して感染《かんせん》する。感染《かんせん》すると、熱や強いせきが出る。

＊3 マラリア…マラリア原《げん》虫《ちゅう》によって起こる熱病。

＊4 ブロック…はばむこと。

かける時も、しばしば。

そんな時、患者《かんじゃ》さんの一言に救《すく》われることがある。

❖シリアでの出来事

空爆《くうばく》で妻子《さいし》を失い、自分の右足も切断《せつだん》することになった患者《かんじゃ》さんがいた。

シリアで国境《こっきょう》なき医師団《いしだん》の活動指揮《しき》をとっていた、国境《こっきょう》なき医師団《いしだん》日本事務局《じむきょく》長《ちょう》の村田慎二郎《むらたしんじろう》さんに、その患者《かんじゃ》さんがこう言ってくれた。

「この状況《じょうきょう》をなげかないで。

あなたたちこそが、私《わたし》たちの希望なのだから。」

村田慎二郎《むらたしんじろう》ＭＳＦ《エムエスエフ》日本事務局長《じむきょくちょう》。
（写真：国境なき医師団提供）

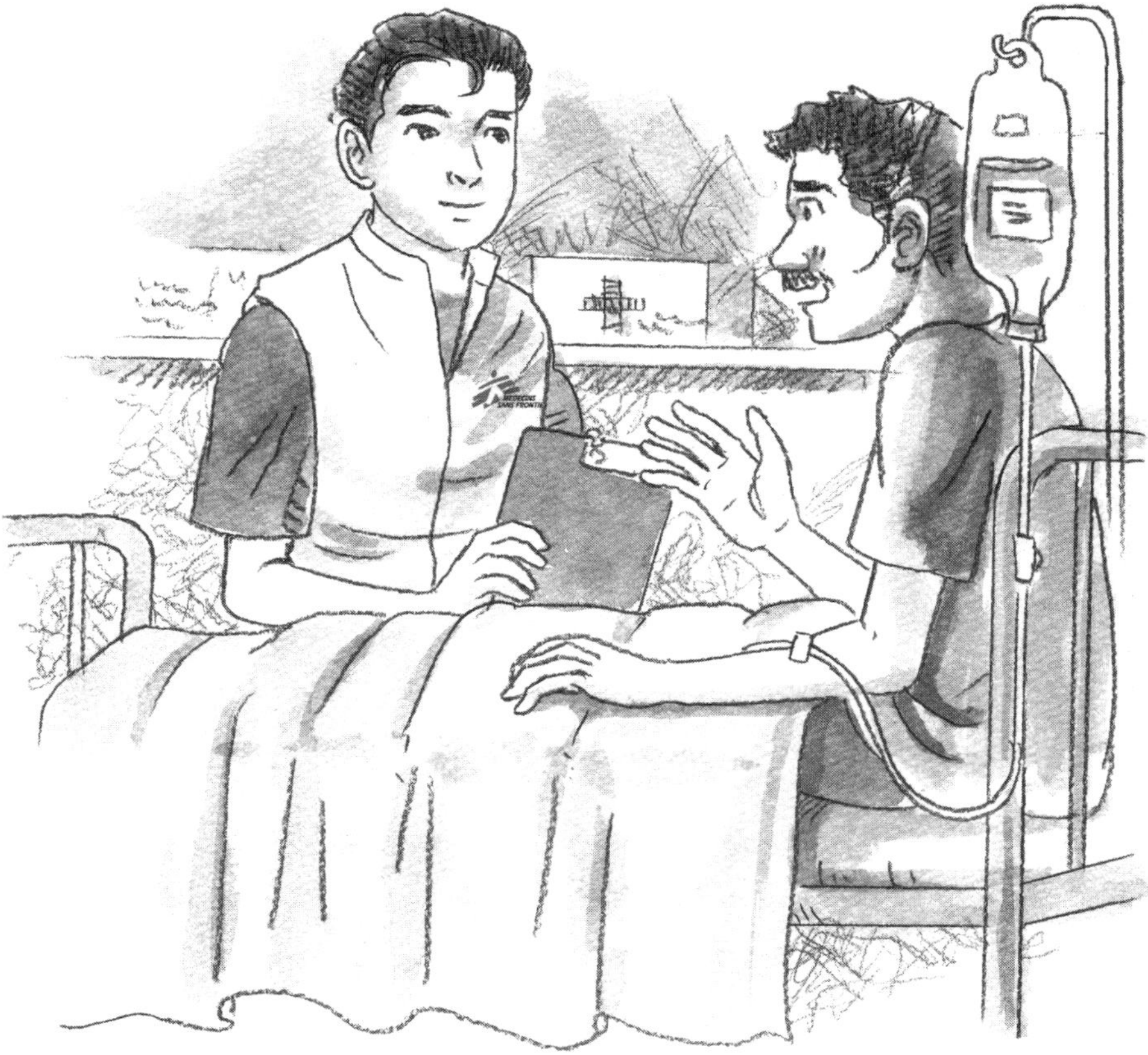

村田《むらた》さんは、はっとした。

こうして紛争《ふんそう》の最前線[*1]まで、国外から支援《しえん》に来てくれる人たちがいる。それだけでも、紛争地《ふんそうち》に生きる人びとの希望となり得《う》るのか。

「自分たちは、世界から見捨《みす》てられたわけではない。」

という希望につながっていたということなんだ！

この患者《かんじゃ》さんの言葉は、スタッフ全員への希望にもつながった。

国境《こっきょう》なき医師団《いしだん》は、今日も世界中で助けを求め、希望を求める人びとのもとへ派遣《はけん》され、また声を上げ続けていく。

いつの日か国境《こっきょう》なき医師団《いしだん》という存在《そんざい》が不要となり、人びとが平和で健康に暮《く》らせる世界が来ることを願いながら。

（終わり）

＊1　最前線…戦場で、敵《てき》にいちばん近い場所。

もっと
よくわかる!

国境《こっきょう》なき医師団《いしだん》

国境《こっきょう》なき医師団《いしだん》とはどんな団体《だんたい》なのか、くわしく見てみましょう。

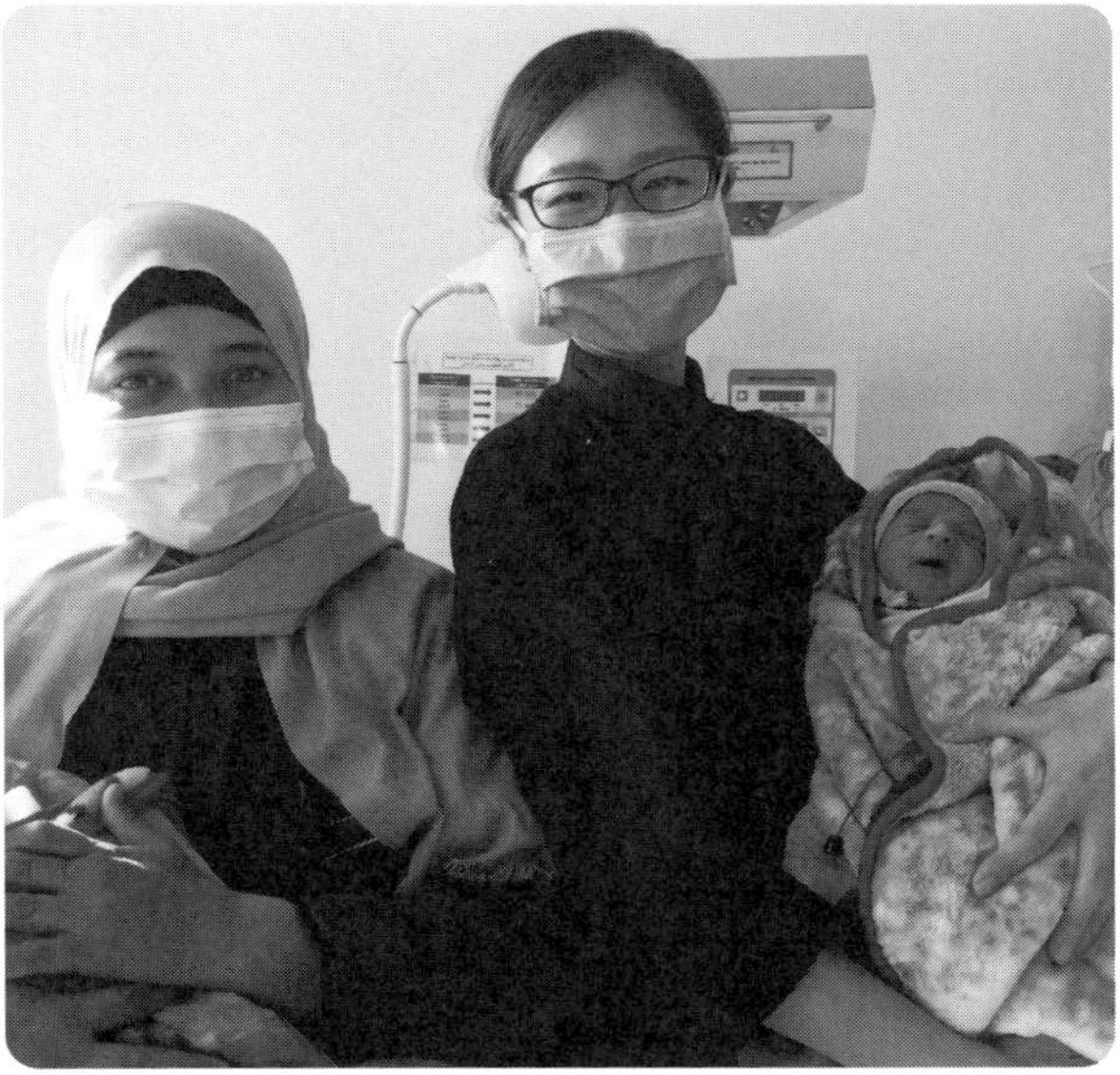

国境《こっきょう》なき医師団《いしだん》は被災者《ひさいしゃ》に対し
差別することなく援助《えんじょ》を提供《ていきょう》する。

(国境《こっきょう》なき医師団憲章《いしだんけんしょう》より)

構成・文/オフィス・イディオム

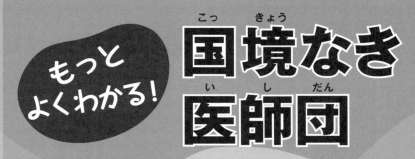

国境《こっきょう》なき医師団《いしだん》って どんな団体《だんたい》？

国境《こっきょう》なき医師団《いしだん》がどんな団体《だんたい》かについて、くわしく見てみましょう。

世界中で活動する医療人道援助団体《いりょうじんどうえんじょだんたい》

世界には紛争《ふんそう》や自然災害《さいがい》、貧困《ひんこん》などによって、命の危機《きき》に直面している人がたくさんいます。

ところが、政情《せいじょう》が不安定な地域《ちいき》では各国の政府《せいふ》による援助《えんじょ》が期待できない場合や、国どうしの政治的《せいじてき》な都合などによって、医療援助《いりょうえんじょ》を届《とど》けられない場合もあります。

そういったことをなくして、必要としているすべての人に医療援助《いりょうえんじょ》が行き渡るようにするために、政治《せいじ》とは関係のない非政府組織《ひせいふそしき》として国境《こっきょう》なき医師団《いしだん》が設立《せつりつ》されました。

国境《こっきょう》なき医師団《いしだん》は、「独立《どくりつ》・中立・公平」な立場で、差別することなく、必要とする人に医療援助《いりょうえんじょ》を届けています。

二〇二二年現在《げんざい》、国境《こっきょう》なき医師団《いしだん》のおよそ四万九千人のスタッフが世界七十五の国と地域《ちいき》で、医療《いりょう》を提供《ていきょう》しています。

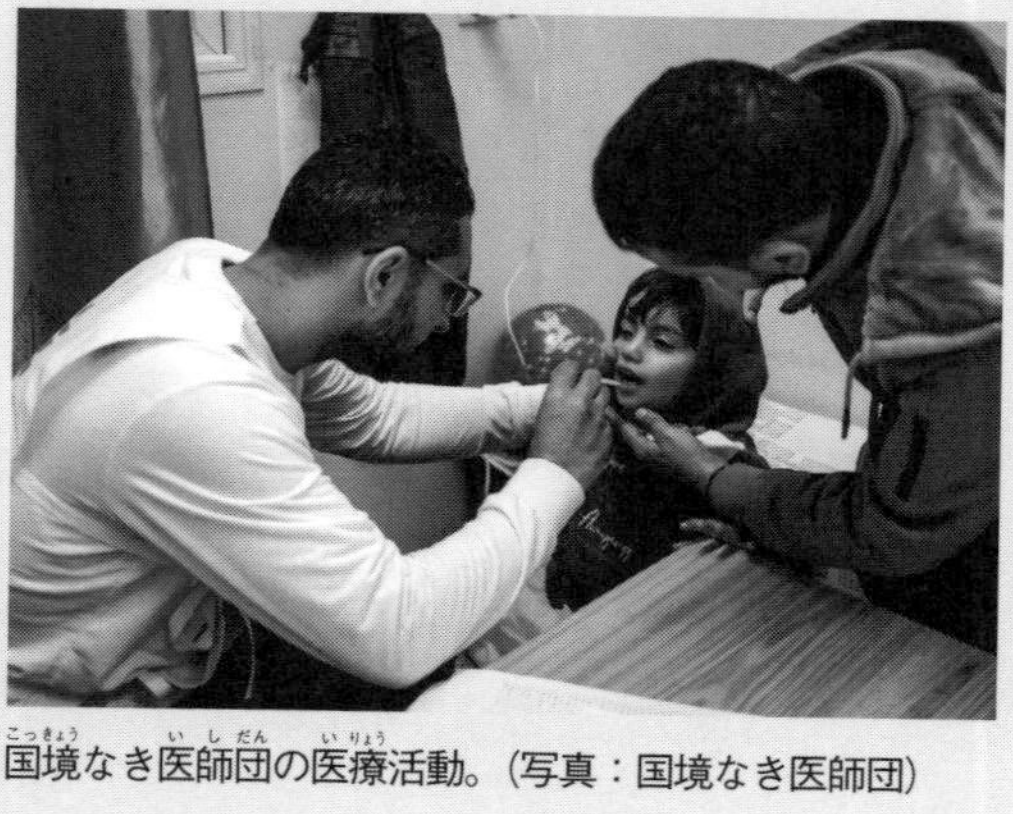

国境《こっきょう》なき医師団《いしだん》の医療《いりょう》活動。（写真：国境なき医師団）

国境《こっきょう》なき医師団《いしだん》　憲章《けんしょう》

国境《こっきょう》なき医師団《いしだん》は
苦境《くきょう》にある人びと、天災《てんさい》、人災《じんさい》、武力紛争《ぶりょくふんそう》の被災者《ひさいしゃ》に対し
人種、宗教《しゅうきょう》、信条《しんじょう》、政治的《せいじてき》な関わりを超《こ》えて
差別することなく援助《えんじょ》を提供《ていきょう》する。

国境《こっきょう》なき医師団《いしだん》は
普遍的《ふへんてき》な「医の倫理《りんり》」と人道援助《じんどうえんじょ》の名の下《もと》に、
中立性《ちゅうりつせい》と不偏性《ふへんせい》を遵守《じゅんしゅ》し
完全かつ妨《さまた》げられることのない自由をもって
任務《にんむ》を遂行《すいこう》する。

国境《こっきょう》なき医師団《いしだん》のボランティアは
その職業倫理《しょくぎょうりんり》を尊《とうと》び、すべての政治的《せいじてき》、
経済的《けいざいてき》、宗教的権力《しゅうきょうてきけんりょく》から完全な独立性《どくりつせい》を保つ。

国境《こっきょう》なき医師団《いしだん》のボランティアは
その任務《にんむ》の危険《きけん》を認識《にんしき》し
国境《こっきょう》なき医師団《いしだん》が提供《ていきょう》できる以外には
自らに対していかなる補償《ほしょう》も求めない。

国境《こっきょう》なき医師団《いしだん》って

どんな仕事をしているの？

国境《こっきょう》なき医師団《いしだん》が人道援助《じんどうえんじょ》の活動地でどんな仕事をしているのかを見てみましょう。17ページもあわせて見てください。

医師《いし》

けがの治療《ちりょう》をする外科医《げかい》、麻酔科医《ますいかい》、感染症《かんせんしょう》や栄養失調の治療《ちりょう》などにあたる内科医や小児科医のほか、産婦人科医《さんふじんかい》、救急医《きゅうきゅうい》などがいます。

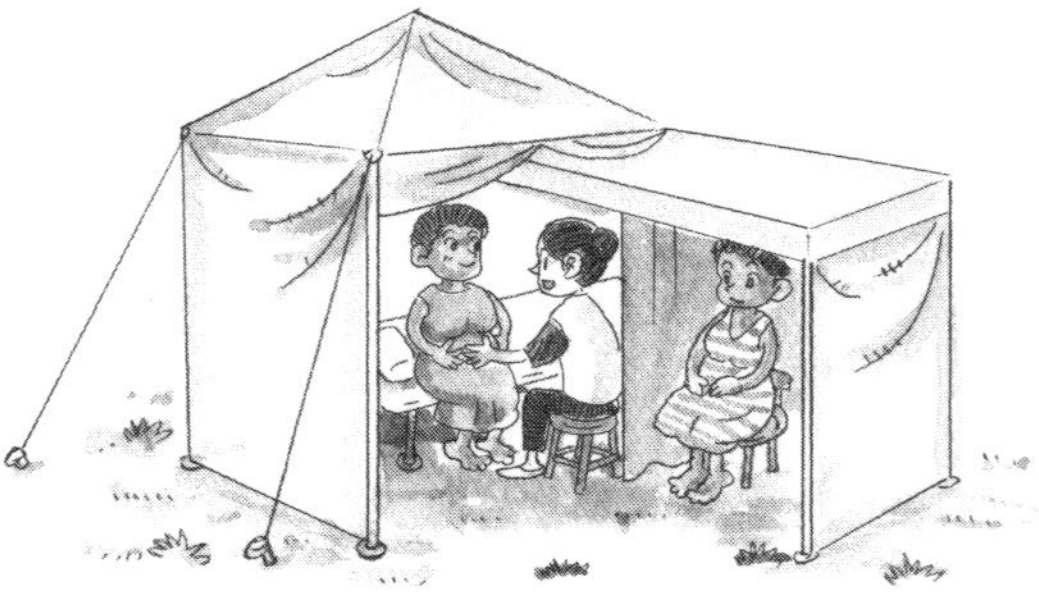

助産師《じょさんし》

安全な出産のため、妊娠中《にんしんちゅう》から出産・産後の母子の健康をサポートします。

薬剤師《やくざいし》

医薬品の在庫《ざいこ》や保存《ほぞん》などの管理を担当《たんとう》します。また、使う薬の許可《きょか》などについて現地《げんち》の政府《せいふ》と交渉《こうしょう》します。

ロジスティシャン

物資《ぶっし》の調達、医療施設《いりょうしせつ》の建設《けんせつ》や、通信機器、車両・発電機などの管理、水、衛生《えいせい》システムの構築《こうちく》、スタッフの安全確保《あんぜんかくほ》など、医療《いりょう》、人事・財務《ざいむ》以外のすべてを担当《たんとう》。

アドミニストレーター

現地《げんち》スタッフをやとったり、給料を支《し》払《はら》ったりする人事の管理のほか、予算や経理《けいり》などの財務《ざいむ》管理を担当《たんとう》します。

臨床心理師《りんしょうしんりし》

戦争や災害《さいがい》の経験《けいけん》や大切な人を失ったことで、心が傷《きず》ついてしまった人に、カウンセリングなどの心理ケアを行います。

国《こっ》境《きょう》なき医《い》師《し》団《だん》の事《じ》務《む》局《きょく》

国境《こっきょう》なき医師団《いしだん》の事務局《じむきょく》がある場所を地図で見てみましょう。

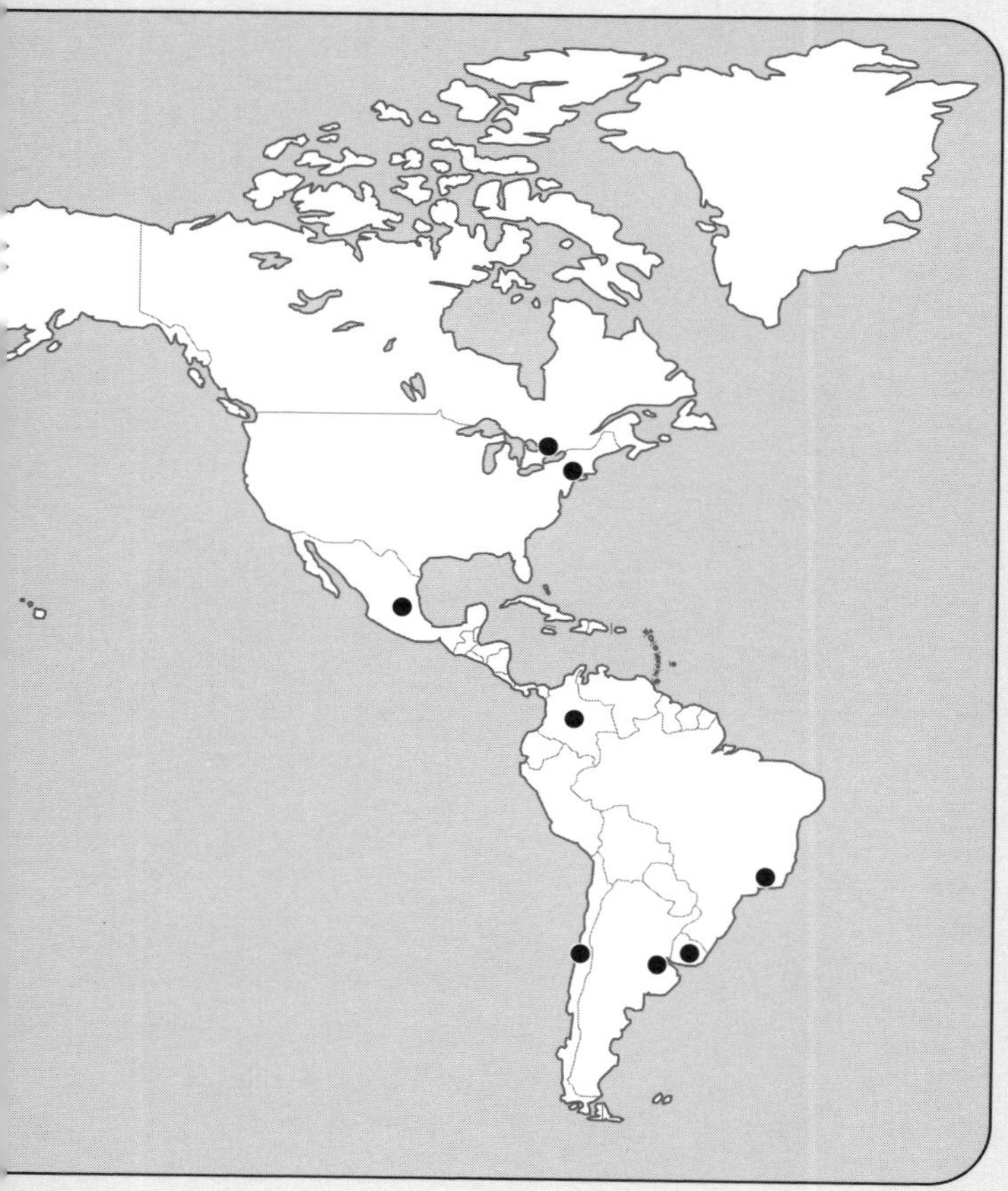

● 国境《こっきょう》なき医師団《いしだん》の事務局《じむきょく》とオペレーション組織《そしき》（2022年現在《げんざい》）

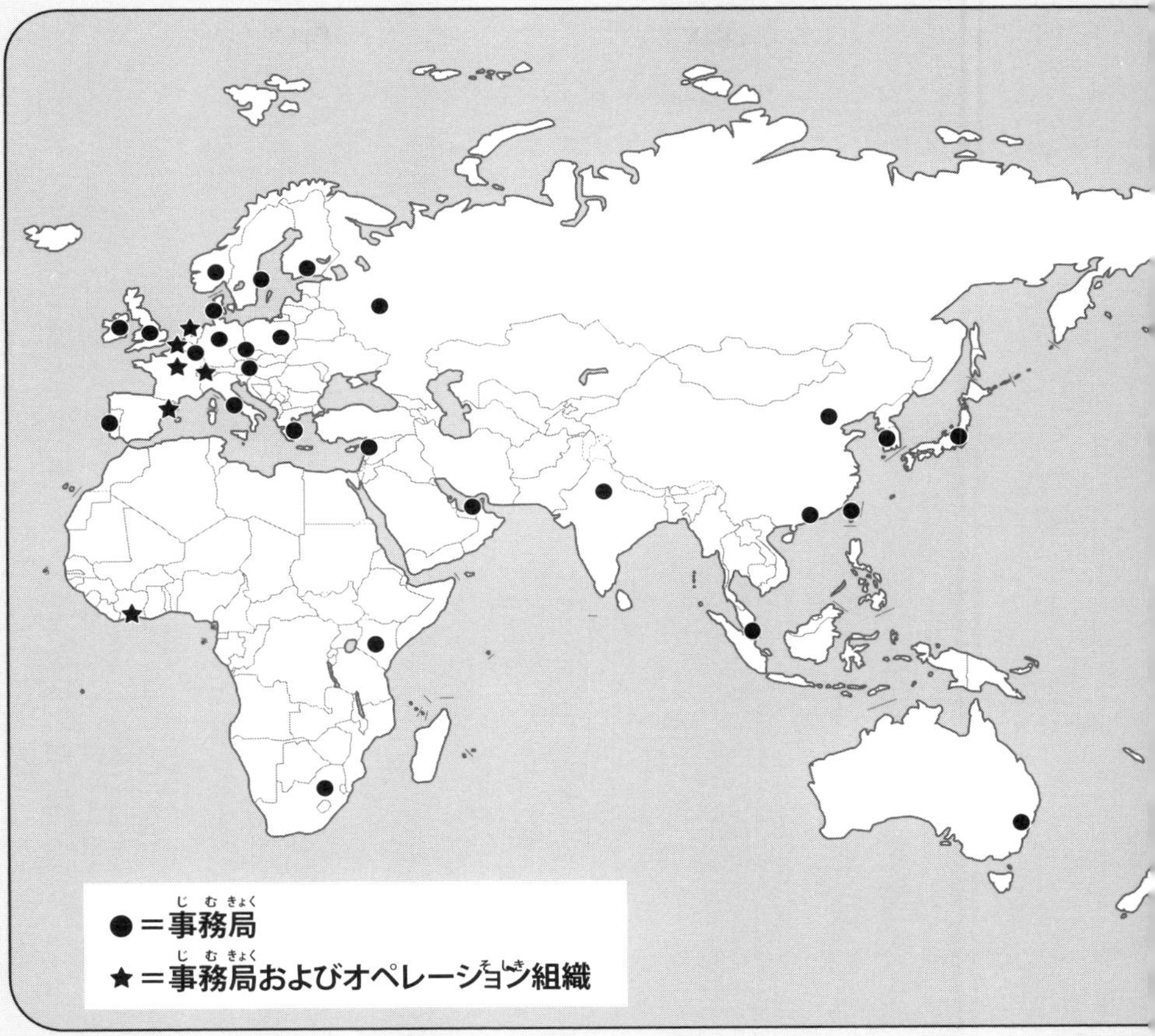

国境《こっきょう》なき医師団《いしだん》日本事務局《じむきょく》

国境《こっきょう》なき医師団《いしだん》の日本事務局《じむきょく》は、1992 年に発足しました。

日本事務局《じむきょく》では、医療《いりょう》・人道援助《じんどうえんじょ》活動に参加するスタッフの採用《さいよう》と派遣《はけん》、人道《じんどう》危機《きき》や医療《いりょう》の必要性を伝える証言《しょうげん》・広報《こうほう》活動、現地《げんち》での医療《いりょう》活動を支える資金《しきん》調達などを行っています。

国《こっ》境《きょう》なき医《い》師《し》団《だん》の活動地

国境《こっきょう》なき医師団《いしだん》が活動している地域《ちいき》を地図で見てみましょう。

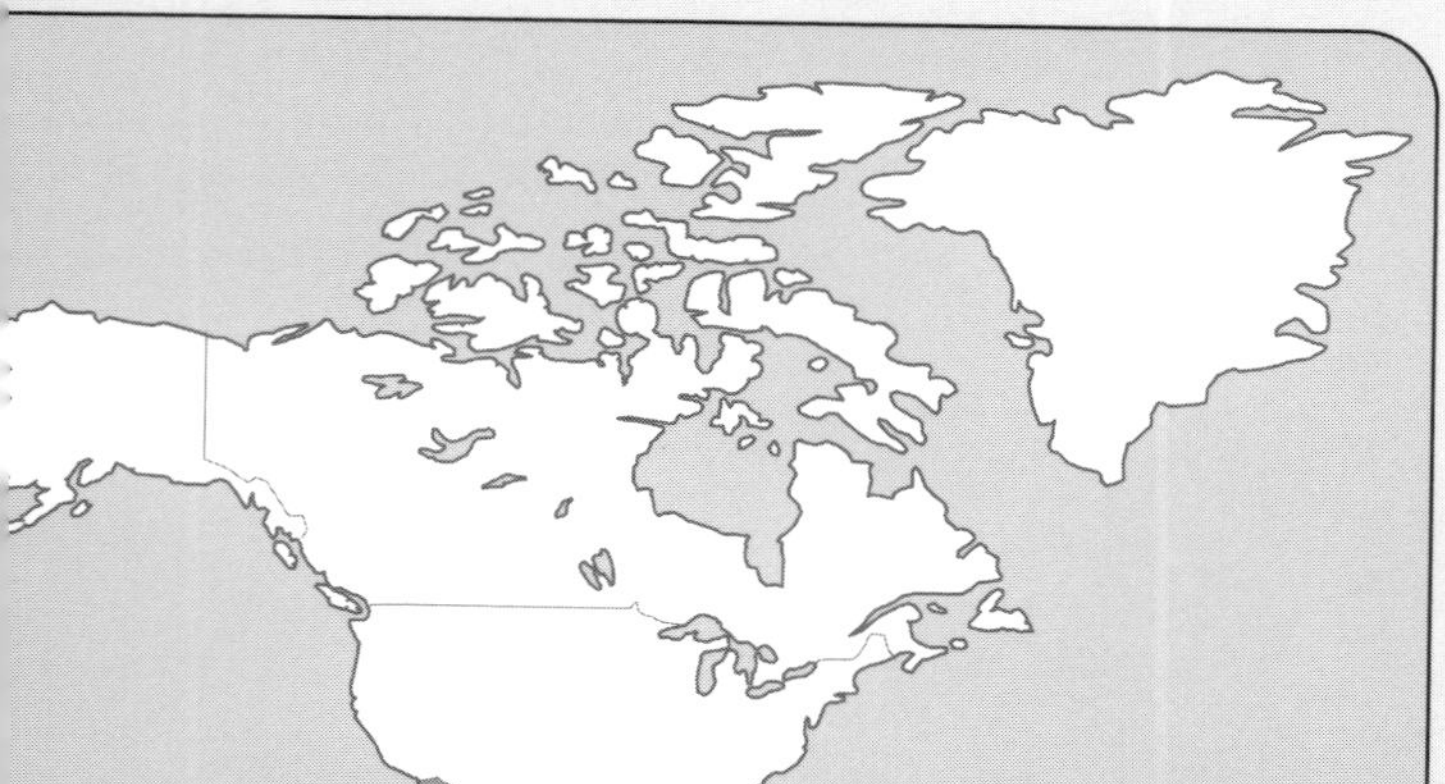

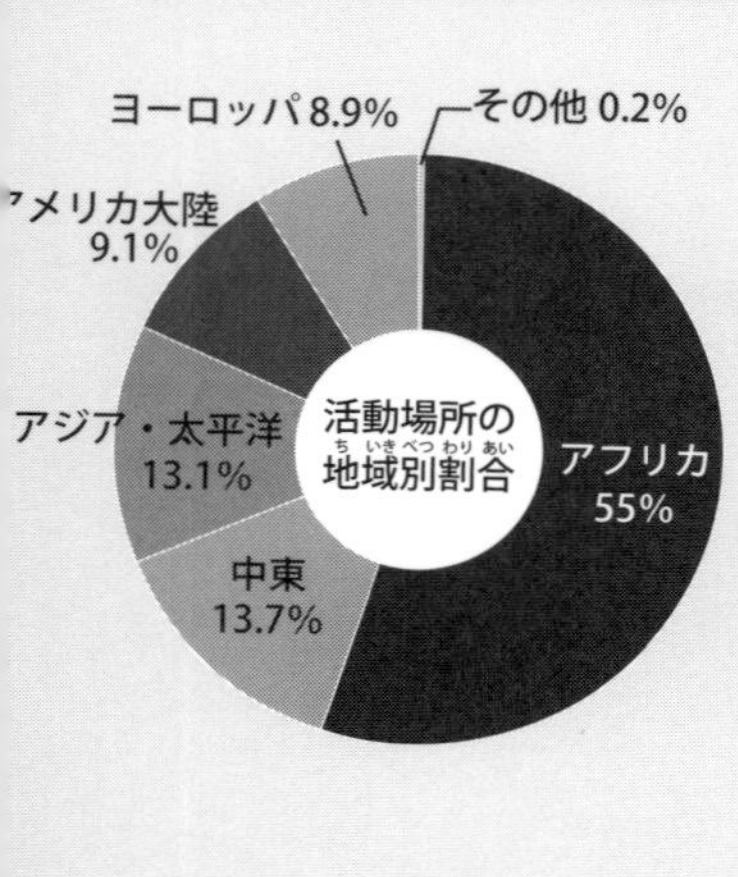

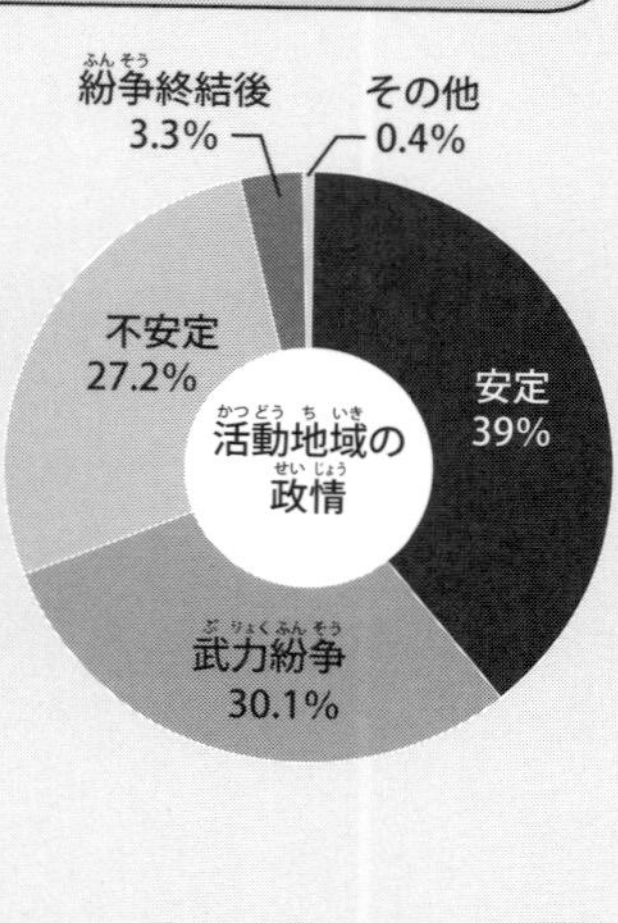

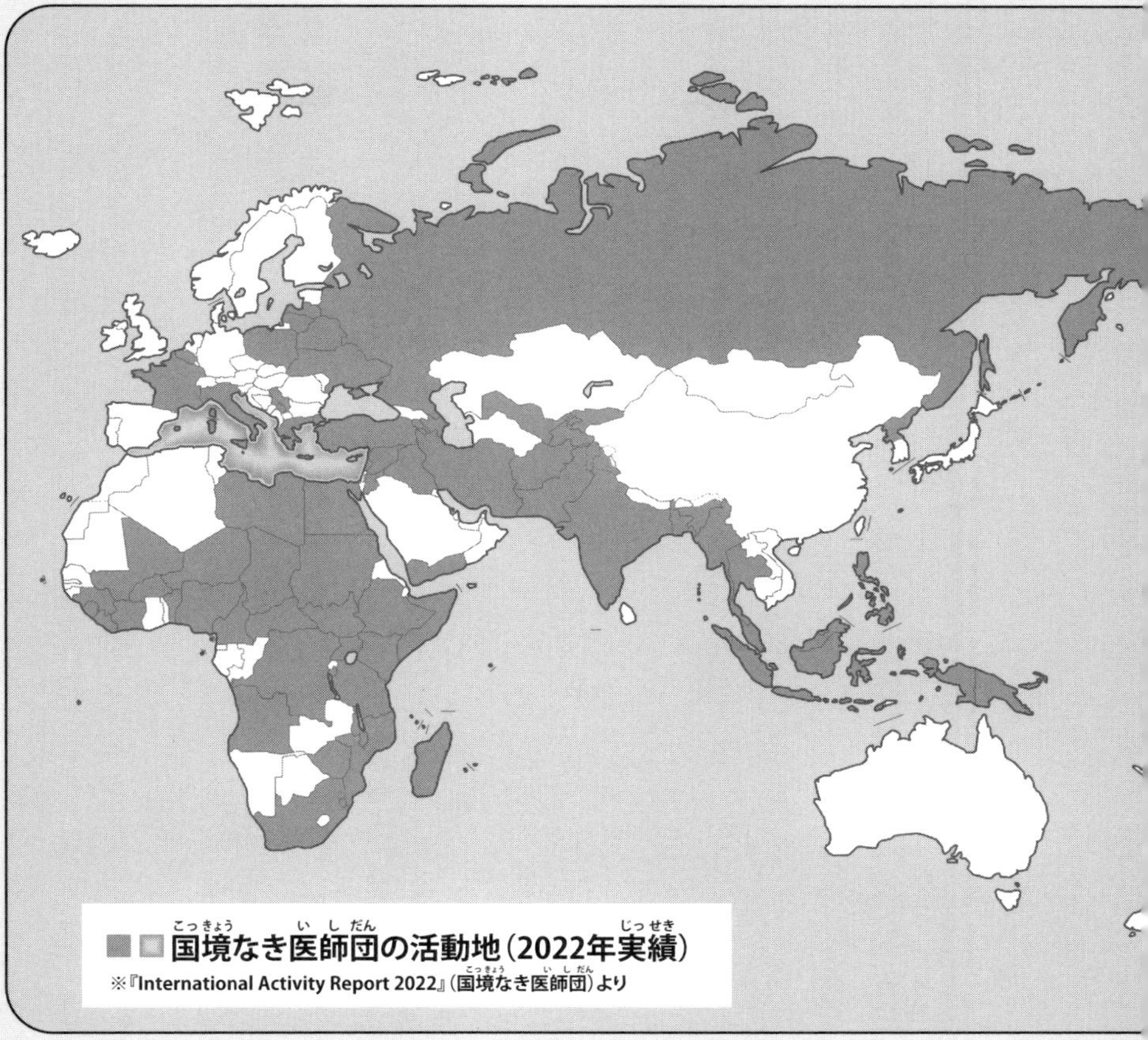

アゼルバイジャン、アルメニア、アンゴラ、アフガニスタン、イエメン、イタリア、イラク、イラン、インド、インドネシア、ウガンダ、ウクライナ、ウズベキスタン、エジプト、エスワティニ、エチオピア、カメルーン、北朝鮮《きたちょうせん》、ギニア、ギリシア、キリバス、キルギス、グアテマラ、ケニア、コートジボワール、コロンビア、コンゴ民主共和国、シエラレオネ、シリア、ジンバブエ、スーダン、セルビア、ソマリア、タイ、タジキスタン、タンザニア、地中海、チャド、中央アフリカ、トルコ、ナイジェリア、ニジェール、ハイチ、パキスタン、パナマ、パプアニューギニア、パレスチナ、バングラデシュ、フィリピン、ブラジル、フランス、ブルキナファソ、ブルンジ、ベナン、ベネズエラ、ベラルーシ、ペルー、ベルギー、ポーランド、ホンジュラス、マダガスカル、マラウイ、マリ、マレーシア、南アフリカ、南スーダン、ミャンマー、メキシコ、モザンビーク、ヨルダン、ラトビア、リトアニア、リビア、リベリア、レバノン、ロシア

※地図は領土《りょうど》を示したものではありません。

MEDECINS SANS FRONTIERES
国境なき医師団

国《こっ》境《きょう》なき医《い》師《し》団《だん》年《ねん》表《ぴょう》

国境《こっきょう》なき医師団《いしだん》について、その流れをたどってみましょう。

西暦《せいれき》	国境《こっきょう》なき医師団《いしだん》のできごと
1971年	フランスで国境《こっきょう》なき医師団《いしだん》（MSF《エムエスエフ》）設立《せつりつ》。
1972年	ニカラグア地震《じしん》で、最初の援助《えんじょ》活動を行う。
1975年	カンボジアとタイの国境《こっきょう》に位置する難民《なんみん》キャンプで、初の大規模《だいきぼ》な難民《なんみん》援助活動を行う。
1984年	エチオピアで発生した大規模《だいきぼ》な飢饉《ききん》で栄養治療《ちりょう》を行う。
1986年	物資《ぶっし》の供給《きょうきゅう》、輸送《ゆそう》、補給《ほきゅう》の拠点《きょてん》となる国境《こっきょう》なき医師団《いしだん》の物流センターを開設《かいせつ》。
1989年	アルメニア地震《じしん》の被災者《ひさいしゃ》を支援《しえん》。
1991年	湾岸《わんがん》戦争とそれに続く戦乱《せんらん》で、難民《なんみん》となったクルド人への援助《えんじょ》活動を開始。
1992年	国境《こっきょう》なき医師団《いしだん》日本事務局《じむきょく》を開設《かいせつ》。
1993年	ナンセン難民賞《なんみんしょう》を受賞《じゅしょう》。
1994年	ザイール（現《げん》コンゴ民主共和国）で、多数発生したルワンダ難民《なんみん》を支援《しえん》。
1995年	阪神《はんしん》・淡路大震災《あわじだいしんさい》の被災者《ひさいしゃ》に援助物資《えんじょぶっし》を提供《ていきょう》。

西暦《せいれき》	社会のできごと
1967年	ナイジェリアでビアフラ戦争が起こる。
1979年	ソ連《れん》がアフガニスタンに侵攻《しんこう》。
1991年	中東《ちゅうとう》で湾岸《わんがん》戦争が起こる。
1992年	ユーゴスラヴィアでボスニア紛争《ふんそう》が起こる。
1994年	アフリカ東部の内戦で大量の難民《なんみん》が発生。

1999年 ボスニア・ヘルツェゴヴィナの国連保護地域《ほごちいき》がセルビア人勢力《せいりょく》の攻撃《こうげき》を受け、虐殺《ぎゃくさつ》や強制移住《きょうせいいじゅう》が発生していることを唯一《ゆいいつ》の証言者《しょうげんしゃ》として国際社会《こくさいしゃかい》に訴《うった》えた。ノーベル平和賞《へいわしょう》を受賞《じゅしょう》。ロシアのチェチェン市民への無差別爆撃《ばくげき》の停止《ていし》を訴《うった》える。

2001年 世界各国に感染《かんせん》が拡大《かくだい》したＨＩＶ《エイチアイブイ》（エイズ）患者《かんじゃ》の治療《ちりょう》を開始。

2003年 イラク戦争のぼっ発直後から、国内の各地で緊急医療援助活動《きんきゅういりょうえんじょかつどう》を展開した。

2004年 アフガニスタンで活動中のスタッフ五名が銃撃《じゅうげき》され殺害《さつがい》される。

2005年 インドネシア・スマトラ島沖地震《おきじしん》の被災者《ひさいしゃ》を支援《しえん》。

2011年 東日本大震災《だいしんさい》の発災翌日《はっさいよくじつ》から医療《いりょう》の届《とど》いていない地域《ちいき》で緊急医療《きんきゅういりょう》援助を開始。

2014年 エボラ出血熱がリベリア、シエラレオネ、ギニアを中心に前例のない規模《きぼ》で流行。緊急対応《きんきゅうたいおう》の中心的な役割《やくわり》を担《にな》った。

2015年 アフガニスタンの医療施設《いりょうしせつ》がアメリカ軍の爆撃《ばくげき》を受け、医師《いし》と患者《かんじゃ》合計四十二名が死亡《しぼう》。

2020年 世界各国に感染《かんせん》が拡大《かくだい》した新型《しんがた》コロナウイルス感染症患者《かんせんしょうかんじゃ》の治療《ちりょう》を開始。

2022年 ロシア軍が各地を攻撃《こうげき》して激《はげ》しい戦争に発展《はってん》したウクライナで、医療物資《いりょうぶっし》の寄《き》付《ふ》や患者《かんじゃ》の搬送《はんそう》、心のケアなどの支援《しえん》を行う。

2023年 トルコ・シリア地震《じしん》による被災者《ひさいしゃ》を緊急援助《きんきゅうえんじょ》。
パレスチナ・ガザ地区の病院施設《しせつ》がイスラエル軍の爆撃《ばくげき》を受け、医師《いし》と患者《かんじゃ》が死亡《しぼう》。

1999年 ロシアが独立《どくりつ》をめざすチェチェンを爆撃《ばくげき》。

2001年 アメリカ同時多発テロ。テロを起《お》こしたとして、アメリカ軍がアフガニスタンのタリバン政権《せいけん》を攻撃《こうげき》。

2003年 イラク戦争が起こる。

2022年 ロシアがウクライナ東部に本格的《ほんかくてき》な軍事侵攻《しんこう》を開始。

2023年 イスラエルがパレスチナ・ガザ地区を空爆《くうばく》。

NDC 289

文／光丘 真理

新伝記

平和をもたらした人びと 8巻

国境なき医師団

Gakken 2024　144P　21cm

ISBN 978-4-05-501414-4　C8323

新伝記　平和をもたらした人びと　8巻

国境なき医師団

2024年4月9日　第1刷発行

発行人／土屋　徹

編集人／芳賀靖彦

編集担当／佐藤香澄　寺澤　郁　渡辺雅典

発行所／株式会社Gakken

〒141-8416　東京都品川区西五反田2-11-8

印刷所／TOPPAN株式会社

製本所／株式会社難波製本

取材・資料・写真協力／国境なき医師団日本事務局

装丁・本文デザイン／荒井桂子
(@ARAI DESIGN ROOM)

写真／アフロ　PIXTA

イラスト／大塚洋一郎

地図／堀口順一朗

構成・編集協力／松本義弘
（オフィス・イディオム）

表紙、扉、もくじ写真／国境なき医師団
©Abba Adamu Musa／
国境なき医師団

校閲・校正／岩崎美穂　鈴木一馬　入澤宣幸

この本に関する各種お問い合わせ先

・本の内容については、下記サイトのお問い合わせフォームよりお願いします。
https://www.corp-gakken.co.jp/contact/

・在庫については、Tel 03-6431-1197（販売部）

・不良品（落丁、乱丁）については、
Tel 0570-000577 学研業務センター
〒354-0045 埼玉県入間郡三芳町上富279-1

・上記以外のお問い合わせは、
Tel 0570-056-710（学研グループ総合案内）

国境なき医師団　世界中に医療を届ける団体

●参考文献

『国境なき医師団　終わりなき挑戦、希望への意志』
レネー・C・フォックス 著　坂田雅子 訳（みすず書房）

『国境なき医師団を見に行く』いとうせいこう 著（講談社）

『国境なき医師団をもっと見に行く』いとうせいこう 著（講談社）

『「国境なき医師団」になろう！』いとうせいこう著（講談社）

『ガザ、西岸地区、アンマン 「国境なき医師団」を見に行く』いとうせいこう 著（講談社）

『国境なき医師団とは　１～６』
国境なき医師団日本 監修　早乙女勝元・山本耕二 編
梅津ちお・菊池好江・重田敞弘 文（大月書店）

『国境なき医師団：貫戸朋子―別冊 課外授業ようこそ先輩』
NHK「課外授業 ようこそ先輩」制作グループ＋ KTC 中央出版 編（KTC 中央出版）

『「国境なき医師団」が行く』貫戸朋子 著（ウェイツ）

『国境なき医師団が行く』久留宮隆 著（岩波書店）

『妹は３歳、村にお医者さんがいてくれたなら。』国境なき医師団日本 編著（合同出版）

『ACT!』『REACT』（MSF ニュースレター）

●ウェブサイトほか

国境なき医師団ウェブサイト　https://www.msf.or.jp/

国境なき医師団ウェブサイト（ノーベル平和賞）
https://www.msf.or.jp/about/nobel/

国境なき医師団ウェブサイト（事務局・オペレーション組織）
https://www.msf.org/how-we-are-run

『国境なき医師団ってなんだろう？』（ブックレット）
https://www.msf.or.jp/publication/booklet/

国境なき医師団メールマガジン